São Cipriano

O Legítimo

Adaptação:
Herny Domingues Filho

São Cipriano

O Legítimo

© 2024, Madras Editora Ltda.

Editor:
Wagner Veneziani Costa (*in memoriam*)

Produção e Capa:
Equipe Técnica Madras

Ilustração Capa e Ilustrações Interna:
Cláudio Gianfardoni

Revisão:
Ridalt Dias Silva

CIP-BRASIL. CATALOGAÇÃO-NA-FONTE
SINDICATO NACIONAL DOS EDITORES DE LIVROS, RJ

D927s
19.ed.
Dumont, Pierre
São Cipriano, o legítimo/adaptação de Pierre Dumont. – 19.ed.
São Paulo: Madras, 2024.
il.
Inclui bibliografia
1. Cipriano, Santo. 2. Feitiçaria. 3. Magia. 4. Sonhos. 5. Cartomancia. I. Título.

07-1175.	CDD: 133.4	CDU: 133.4
	04.04.07 16.04.07	001197

Proibida a reprodução total ou parcial desta obra, de qualquer forma ou por qualquer meio eletrônico, mecânico, inclusive por meio de processos xerográficos, incluindo ainda o uso da internet, sem a permissão expressa da Madras Editora, na pessoa de seu editor (Lei nº 9.610, de 19.2.98).

Todos os direitos desta edição, em língua portuguesa, reservados pela

MADRAS EDITORA LTDA.
Rua Paulo Gonçalves, 88 — Santana
CEP: 02403-020 — São Paulo/SP
Tel.: (11) 2281-5555 – (11) 98128-7754
www.madras.com.br

ÍNDICE

Prefácio 13

Origem do feiticeiro Cipriano (Bispo de Cartago) 23
O encontro de Cipriano com Évora, a bruxa, e o
presente dado por ela 29
A mulher que Cipriano amou.................................. 35
Cipriano e Clotilde... 45
O encontro de Cipriano com São Gregório............. 57
Cipriano se converte à Luz de Deus....................... 65
Justina é tentada novamente pela Ação do Demônio 73
Cipriano é batizado 81
A prisão de Cipriano e Justina 85
Dias aziagos do ano em que, não se podem fazer
feitiçarias, que não sejam para o bem,
e sim para o mal 93
As magias de São Cipriano 99
Trabalhos de amarração 103
Ritual infalível para casar 107
Ritual para o homem ser amado e desejado pelas
mulheres... 111
Outro ritual para o homem ser cobiçado por uma
determinada mulher 115
Ritual da flor de laranjeira 119
Ritual para saber se não é traído(a) 123
Ritual para descobrir se existem pessoas desejando
nosso mal 127

Ritual do trevo de quatro folhas............................ 131
Ritual para ganhar no jogo 135
O poder do azevin 139
Ritual do ovo 143
Ritual das almas do purgatório............................ 147
Ritual da raiz do salgueiro 151
Ritual da cabeça da víbora 155
Rituais e simpatias para diversos fins 159
Cruzes e outros Símbolos Mágicos..................... 173
Orações 195
    Antiga oração de São Cipriano 197
    Orações para horas abertas............................ 204
    Para as trindades.. 205
    Para a meia-noite... 206
    Oração para fechar o corpo (contra todos os males).. 207
    Oração pela sagrada coroa de espinhos.......... 210
    Oração contra espíritos obsessores (e para os inimigos) 212
    Oração contra maus espíritos 213
    Oração para quebrar dificuldades (embaraços em negócios)...214
    Oração pelas almas (do purgatório).................217
    Oração a São Vicente (contra vícios e jogos)......218
    Oração contra feridas (benignas e malignas) . 220
    Oração contra hemorragias 221

Oração para preservar rebanhos de animais... 222
Oração contra a seca (para chover) 223
Oração contra quebranto (mau-olhado) 224
Oremos 225
Oração ao glorioso São Marcos 226
Oração a São Silvestre (contra os inimigos) .. 229
Oração de São Lázaro 230
Oração a São Miguel Arcanjo (para saúde) ... 231
Oração de São Daniel a Deus (agradecimento) 232
Oração ao Santo Onofre 233
Oração para enxotar o demônio 235
Oração a São Cipriano 237
Quiromancia, a linguagem das mãos: suas cores
e sinais 241
Partes inferior e superior 243
A cor da pele 244
Mão dura e mão mole 246
A dimensão dos dedos 247
As unhas 248
O formato dos dedos 252
As características de cada dedo 255
O polegar 257
O indicador 258
Médio 259
Anular 260
Mínimo 261

- Os montes e sua localização............................ 262
- As influências de cada monte 263
- O que indicam as Linhas das Mãos............... 270
- Características das linhas 272

Cartomancia 301
- Conheça o significado das cartas 303
- O que as cartas dizem?.................................. 305
- As combinações das cartas entre si 311
- Deitando as cartas de acordo como fazia São Cipriano e Antigos Magos....................... 316
- Os significados 317
- Nesta forma as figuras o que dizem? 318
- Método em cruz 320
- Cartomancia cruzada de São Cipriano........... 321
- O significado das cartas no jogo cruzado...... 321
- As figuras 323
- Método do jogo cruzado 328
- Rituais e orações para a cartomancia cruzada 328
- Oração para se dizer quando for deitar as cartas para qualquer consulta 334

Bibliografia 335

"Nos quatro cantos do mundo, estão esparramados, os que dizem ser filhos-seguidores de Cipriano. E, dentre eles, muitos que se intitulam o próprio pai. Há de se tomar cuidado, pois pelo mundo só passou 'um' Cipriano que deteve o conhecimento dos mistérios".

"Ao ingressar no mundo da magia, há de se conhecer a luz e a treva, ou seja, a magia do bem e do mal. Ao conhecê-las, a responsabilidade será desdobrada. Cabe ao iniciante decidir qual das duas irá seguir. Mas nunca esquecendo de 'Separar o Joio do Trigo', pois mais dia, menos dia, o feitiço virará contra o feiticeiro. É a luz de Deus alertando os filhos que se enveredam pelos caminhos das trevas".

"Bom mesmo é poder ter o livre-arbítrio para investigar, pesquisar e vivenciar o mundo espiritual, e deter o poder sobre a magia. E usá-la, obviamente em benefício da escala da evolução espiritual de si próprio e do ser humano. Pois como ninguém ficará para semente, um dia tornaremos à casa do pai criador de todas as energias, nossa fonte geradora. Nesse dia, será muito bom e confortante já estarmos envolvidos na luz".

PREFÁCIO

Ao penetrar no universo misterioso, mágico e repleto de magias e rituais de São Cipriano, há de sentir-se certo frio na espinha e no estômago, devido este universo conter rituais de magias negras, escabrosas e algumas receitas até hediondas e de difícil compreensão. Mas, ao analisar e pesquisar atentamente o histórico dos feiticeiros, magos do passado, bruxas e bruxos, veremos que eles não eram de todo mau (pois, na verdade, ninguém é mau nem bom o tempo todo, enquanto seres humanos somos tempestivos, devido a nossas fraquezas em nível emocional e variações de sentimentos e energias que nos agridem constantemente), o que os antigos feiticeiros queriam, na verdade, era o direito de poder liberar o lado investigador, pesquisador e principalmente o direito do livre-arbítrio de que é dotado o ser humano. Queriam, e o homem quer ainda, desafiar as leis que regem o universo, na tentativa de dominar as leis de causa e efeito, os mistérios do universo e da natureza. Principalmente manter a luta em querer desafiar, doutrinar e dominar o Anjo

Belo-Lúcifer e seu próprio exército. Este anjo caído, até então chamado de demônio, ou seja o diabo católico, também não foi mau durante todo tempo de sua trajetória dentro do exército de Deus, tanto não era, que foi considerado um dos anjos mais queridos de Deus, incumbido de altos cargos, inclusive foi o responsável por trazer a luz aos planetas.

Para aprender a decifrar os desafios e os quebra-cabeças do jogo intrincado de Deus, tiveram que se aventurar em todo tipo de jornada espiritual, enfrentaram todos os desafios. Tudo relacionado ao mundo da magia, na maioria das vezes, soa aos ouvidos dos cépticos como algo irracional, sem propósito e até mesmo sem parâmetros. Mas por mais irracional que seja a qualquer ser humano, o universo da magia atravessou milênios, séculos e décadas, e está hoje enraizado na maioria das pessoas que se utilizam das artes mágicas para diversos fins. Mas a arte mágica, em si, não é necessariamente utilizar somente o lado negro e oculto, não é apenas deixar circular por sua aura energias deletérias; tem que existir o controle dos elementos emocionais que predominam na aura do ritual em que você está prestes a realizar. Era isto que todos os maiores feiticeiros do passado tentavam descobrir, a aura dos rituais, para poder dominá-la e detê-la na hora em que fosse preciso, pois para tornar-se um sacerdote, em primeiro lugar você tem de aprender a lidar com todo tipo de energia, a boa e a ruim e, em seguida, ter sob seu controle tudo o que envolve uma energia. Somente assim você poderá permitir-se aos envolvimentos energéticos, estando sempre consciente: se está lidando com energia boa ou ruim, pois para cada tipo agirá de uma forma. Para isso, você terá de pesquisar, estudar, decifrar, perseverar, pois os testes serão infindáveis como o próprio universo, há que passar pelo avesso do avesso e por todos os reveses que a natureza há de colocar em seu caminho, terá de ser humilde, não somente no estágio de aprendizado, mas também quando já for um mago, terá de ter o respeito profundo pelos mistérios de Deus, pois não se chega a Meca sem passar por todos os estágios de conhecimentos, e lá chegando, entrará para o estágio mais profundo, que é o de purificação, material e espiritual. Pois não adianta se vestir de sacerdote, há de ser um verdadeiro sacerdote, pois a magia é uma faca de dois gumes, se não se empenhar em compreender os dois lados da magia, não merecerá o título que tanto anseia. E há de usar a magia que aprender, para sua própria defesa, para o bem e em favor da evolução espiritual do ser humano, não devendo jamais fazer associações com seres luciféricos, pois se o fizer, com certeza ficará eternamente sob o domínio das trevas.

Suponhamos que um dia você se associe ao demônio, através de pactos e rituais escabrosos, para obter favores materiais, e mais tarde venha a se arrepender e anseie pela liberdade; nesta hora, tenha certeza de que, pelo seu arrependimento, Deus enviará um anjo para socorrê-lo; fará com que ancore em sua vida toda energia vibratória do Arcanjo Miguel. A luta será acirrada, obviamente você não sairá totalmente ileso desta guerra, mas salvar-se-ão, a sua alma e seu corpo físico. Ao ler este livro, você terá plena consciência de não usar a magia pesada, para obter bens materiais, fará uso sim, da magia branca, pois através da evolução chegamos mais longe do que se imagina. Parafraseando Shakespeare "Há mais mistérios entre o céu e a terra, do que sonha a nossa vã filosofia". Este, astrologicamente falando, era um grande mago, entendia perfeitamente os dois lados da magia, e sabia como controlar as energias, basta ver suas obras teatrais, líricas, cercadas de mistérios, totalmente místicas, inteligentes, sensíveis, profundas e eternas. Pois tudo que é feito com a energia positiva, ou com a magia branca, perpetua-se. Já tudo que é feito através da magia negativa, no momento seu efeito pode até ser arrasador, mas sua duração sempre será efêmera, com a chegada da luz. E se a pessoa a qual se pretende atingir por meio da magia negativa estiver fechada para o mal, e estiver aberta para o bem, não há magia e muito menos bruxaria que irá derrubá-la, como diz o ditado: "se Deus é por nós, quem será contra nós".

Desde pequeno foi despertado em meu ser algo que não diria ser somente curiosidade pela palavra iniciação, mas sim o forte desejo de investigar, pesquisar tudo que existe por detrás de uma iniciação e de rituais existentes desde remotas épocas. Falar de Papus, Paracelso, Eliphas Levi, Nostradamus Edgar Cayce, Platão, Santo Agostinho, Padre Bosco, São Cipriano, a bruxa Évora e tantos outros profetas, estudiosos, feiticeiros alquímicos, é falar da dignidade com que eles fizeram seus estudos, mesmo que em algum momento de suas vidas tivessem pendido para o lado das trevas, mas, se analisarmos com sabedoria, chegaremos à conclusão de que não podemos entender o mundo espiritual, se não vivenciarmos os dois lados. É notório salientar que eles viviam praticamente entre os mundos paralelos, em verdadeiro êxtase pelos prazeres das revelações que obtinham, através de suas andanças e investigações. Pois, ao mesmo tempo que tinham um pé no passado, tinham o outro pé no futuro, e mesmo estando com os dois pés agrilhoados ao presente, podiam perfeitamente viajar em outras dimensões, ou através de estudos em mapas numerológicos, ou astrológicos, ou por estudos em manuscritos antigos (que grande perda sofre a humanidade desde a antiguidade e até os dias de hoje, devido ao incêndio da Biblioteca de Alexandria), feliz daqueles que puderam investigar o passado, o presente e o futuro nos manuscritos de antigos e verdadeiros sábios do passado, pois lá se encontrava toda a essência, verdade, começo, meio e fim e toda a trajetória do destino dos ciclos das evoluções materiais e espirituais. Mas nos dias atuais, graças à reencarnação, muitos sábios já estão de volta ao nosso convívio. E o que é melhor: voltaram com força espiritual renovada, novos conceitos, novos estudos e, provavelmente, com vários planos de sobrevivência, material e espiritual para o terceiro milênio.

Origem do Feiticeiro Cipriano
(Bispo de Cartago)

23

Nasceu Cipriano em Antioquia, velha cidade da Ásia Menor, situada entre a Síria e a Arábia, que era fortemente governada pelo poder da Fenícia. Filho de pais detentores de grande riqueza material e financeira, e sendo eles de considerável idolatria por cultos ao paganismo da época, pagãos convictos, mesmo pós-cultura cristã, da qual não adotaram para si, e muito menos desejaram que o movimento cristão atingisse o filho pródigo. Pois desde a mais tenra idade, perceberam os pais de Cipriano que o filho era dotado de poderes sobrenaturais. Desta forma, mancomunados pelo desejo exacerbado do poder, não permitiram que Cipriano tivesse vida normal, como os outros da sua idade.

O Despertar para a Magia

Os pais de Cipriano, ao detectarem que o filho era dotado de muito carisma, forte inclinação para a arte das ciências ocultas e possuidor de grande facilidade em interpretar esses conhecimentos, decidiram que ele deveria ser iniciado nas ciências oraculares, dentro dos templos mais tradicionais da época. Gananciosos como eram, sabiam que fazendo isto alcançariam maior prestígio e influência junto a seus concidadãos.

Desta forma, transformaram por completo a vida daquela criança, que provavelmente tinha vindo ao planeta com uma missão especial, talvez para curar o seu semelhante, através da magia branca! Afinal, quem saberia a verdadeira missão desse ser iluminado? De criança ao mago, foi percorrido um longo caminho. Cipriano deixou a criança adormecida em seu ser para aprofundar-se em todas as técnicas da magia, que na época era conhecida como ciência ou arte. Estudou e vivenciou todo tipo de magia tão profundamente, que tornou-se detentor de poderes descomunais, sendo reconhecido, como o mago, maior conhecedor de todos os segredos e mistérios existentes de todos os tempos. Com certeza, ainda está para nascer um mago como ele, a não ser que reencarne. Será que a inteligência maior permitiria a volta de um mago como ele? Acredito que um reencarne de Cipriano, nos dias em que vivemos, seria catastrófico, pois a cada dia prolifera-se, dentro da humanidade, tantos "pais de Cipriano"!

O Trajeto de Cipriano

Aos 30 anos de idade, Cipriano sentiu que havia, ainda, muitas coisas a serem estudadas. Decidido, e como que guiado espiritualmente, deixou sua cidade e partiu para a Babilônia. Nesta época, ele já era tido como um grande iniciado, mas mesmo assim estava disposto a estudar mais. Ao chegar na Babilônia decidiu estudar astrologia judiciária e decifrar os mistérios dos supersticiosos Caldeus.

Cipriano e o Prazer do Conhecimento

Após estudar, com muito afinco, todos os preceitos dos Caldeus e tudo o que havia aprendido nos templos oraculares de sua terra, decidiu pôr em prática tudo o que vivenciara ao longo do tempo. O estudo profundo o tornou um ser malicioso e de grande iniquidade. Rápido no raciocínio, e já entregue às energias emanadas do ofício da magia, sentiu que através da arte das ciências ocultas teria maior facilidade em negociar com os demônios, abrindo um canal de franca comercialização. Ao aprender a lidar com todo tipo de magia e espíritos cativos que nos acompanham, desde o nosso nascimento, para nos ajudar em nossas evoluções, Cipriano fez o contrário; pois diante de tal deslumbramento dos falsos poderes para uma vida de luxúria, cercada absolutamente de escândalos, usou e abusou dos espíritos, da magia em si, para beneficiar-se, adquirir bens materiais. Incluindo em seu rol de benfeitorias próprias, usou a arte do magnetismo para seduzir e conquistar as mais belas mulheres da época e colocar vários cidadãos de alto-escalão do governo sob sua proteção; seu intuito era dominar espíritos desencarnados, os espíritos demoníacos e os espíritos encarnados, para exercer todo o poder do seu conhecimento.

O Encontro de Cipriano com Évora, a
Bruxa, e o Presente dado por ela

Mesmo consciente do poder que tinha atingido, Cipriano queria mais e mais poder dentro dos rituais. Para obter melhores resultados práticos, aliou-se a uma das bruxas mais poderosas da época, a famigerada Évora, que tinha a fama de ter fácil acesso ao demônio, e que era lendária por predizer o futuro pelas mãos, cartas e sonhos. Em todos os rituais se faz necessário a presença de uma mulher, para obter-se o real equilíbrio harmônico das energias fundidas no momento em que se opera qualquer tipo de ritual, isso é, uma regra fundamental, pois sem esse equilíbrio, haverá quebra no ritual e desarranjo, em nível emocional, harmônico e espiritual. Com certeza, a magia será danificada e o efeito será anulado.

Embora alguns estudiosos discordem do assunto, falo por experiência própria. Ao longo do estudo e da vivência dentro do mundo das magias, consegui, a tempo, compreender que a energia nos rituais começa no masculino e tem de terminar no feminino. Por exemplo: em um ritual de Umbanda, encontraremos no altar-mór, a começar pela presença da imagem de Jesus Cristo, normalmente rodeado por uma ou mais santas, o Babalaô, ao abrir a sua sessão terá, ao seu lado direito, a mulher (mãe-pequena) e do seu lado esquerdo, o homem (pai-pequeno). Dentro do Candomblé, encontraremos o Babalaô, também cercado por seu séquito, mãe-pequena (yakekerê), pai-pequeno (babaquerê), Ekedi e Ogan, esse é apenas um dos exemplos citados, pois, na verdade são infinitos os motivos que necessitam da energia masculina e feminina, fundidos dentro dos rituais. O mago é um ser consciente em todos os estágios ritualísticos, mais do que qualquer outra pessoa sabe dos preceitos existentes para operar qualquer tipo de magia, dentro de rituais preestabelecidos, portanto, a abstinência sexual é regra soberana, quando se deseja obter um estágio de iluminação, principalmente nos rituais onde a energia do mago vai interagir. Mas, de maneira geral, os elementos masculino e feminino, através do ritual da copulação sexual, unem suas energias durante o orgasmo, para gerar outra energia, que estará predisposta a encarnar-se.

Portanto, todo mago sabe como comandar a magia sexual, e isto era coisa que Cipriano comandava com maestria. Como vemos, desde o momento em que somos gerados, existe a necessidade da integração das energias masculina e feminina, portanto nada se faz dentro da magia sem estas duas energias.

Évora, segundo diz a lenda, muito colaborou no restante do aprendizado de Cipriano. E o que não houve tempo hábil para ela ensinar — embora, como dizem os relatos da história, morreu com idade avançada —, acabou por lhe deixar um legado precioso, todos os seus manuscritos, ensinamentos de tudo o que havia descoberto e vivenciado. Cipriano, de posse destas preciosidades, muito se valeu para o enriquecimento de suas pesquisas. A história não conta, mas a maioria dos magos faz suas anotações, não pelo desejo de deixar ensinamentos para outros, mas sim para não se esquecerem de certas fórmulas de alquimia, pois acredita-se que a maioria deles aprendia as fórmulas e, em seguida, as testavam, as que davam certo eram gravadas na mente e nos pergaminhos destruídos no fogo — logicamente por receio de represálias e ataques de seus concorrentes. Mas, graças aos céus, as anotações de Cipriano de certa forma foram salvas, e é passada de mão em mão, pelos seguidores desse misterioso ser.

A MULHER QUE CIPRIANO AMOU

A mulher mais bela que amou o mago Cipriano, sem sombra de dúvidas foi Elvira. Era filha do Senhor de Soria, mulher de rara beleza, admirada e cortejada pelos homens do local.

Quando Cipriano conheceu Elvira, de imediato apaixonou-se por sua beleza. Daí para frente decidiu que ela seria sua a qualquer preço. Mas, para isso, ele teria que a cortejar e seduzi-la, feito quase que impossível, pois o pai, extremoso e zeloso, cercava a filha de tudo e de todos, guardava-a como a uma joia rara, esperando o dia que a daria em casamento a um jovem de casta nobre, e que tivesse bons sentimentos. Ciente disso, Cipriano decidiu que não desistiria, não pensou duas vezes para pôr em prática o que aprendera durante longos e enfadonhos anos, a sua arte demoníaca entraria em cena.

Desta feita, foi visitar o pai de Elvira para declarar que era pretendente de sua filha. Já foi logo adiantando, que era homem de bem e dono de grande fortuna.

O Senhor de Soria, ao medi-lo dos pés à cabeça, percebeu que se tratava de uma pessoa muito vulgar, que poderia até ser muito rico, mas não estava a altura de sua filha. Sem constrangimento perguntou-lhe:

— Pretendes, por acaso, esposar minha filha Elvira?

— Evidentemente que não, Senhor! Quero apenas o seu amor!

O Senhor de Soria irritou-se pela insolência recebida através da resposta ousada de Cipriano. Este, ao sentir-se repelido, disse que ia pôr em prática suas artes mágicas e transformá-lo, bem como à sua esposa, em estátuas de mármore. Executada a ameaça, Cipriano tratou de falar com Elvira:

— O mesmo irá acontecer-lhe, se recusar a minha proposta.

— Mas, calmamente a jovem donzela inquiriu: "o que queres de mim senhor"?

— Quero que venha comigo, e que deixe de adorar a este falso Deus.

Ao ouvir seu pedido, Elvira prostrou seus joelhos no chão e clamou aos céus, pedindo auxílio a Deus. Diante de significativa recusa, sentindo-se humilhado por Deus, a quem ele desprezava, colérico transformou a bela Elvira em estátua de mármore.

O rei, que tinha alto apreço pelo Senhor de Soria, não tardou em sentir a sua ausência nas reuniões palacianas. Mandou seus soldados campeá-lo por toda parte do reinado, sem obterem nenhum resultado.

Passados alguns dias da busca, apareceu no palácio uma mulher vestida em andrajos, queria falar ao rei, assim foi introduzida na sala do trono. Na presença do rei portou-se de maneira incomum, pois em nenhum momento curvou-se para saldar a majestade. Enfurecido com tal desrespeito o rei ameaçou mandar matá-la. Sem temor a mulher falou:

— Que rei bárbaro que és, prefere ver o meu sangue derramado, do que saber o paradeiro de teu amigo. Vim aqui para trazer a ti notícias do Senhor de Sorria, por quem tanto buscas. Mas, para salvá-lo, deverá poupar a minha vida e mandar matar a um homem de nome Cipriano.

— O feiticeiro Cipriano? — exclamou o rei indignado.

— Sim — disse a mulher — e eis o que tens a fazer, meu Senhor: ordene que tragam a tua presença o feiticeiro Cipriano, e lhe ordene que traga o Senhor de Soria e sua família, mas terá que ameaçá-lo de morte, pois ele é tinhoso.

Mesmo não acreditando nas falas da mulher, mandou buscar Cipriano sob pena de morte, se não comparecesse ao palácio. Embora contra sua vontade, Cipriano compareceu, e ficou mais irritado ao saber do assunto. Invocou as entidades maléficas e encantou todo o palácio. Aterrado, ao ver o admirável poder que Cipriano detinha, o rei caiu aos seus pés. Suplicou-lhe que retirasse o feitiço imposto a ele e a sua família, pois a única culpada pela ofensa era uma mulher malvestida, que estava escondida no palácio e que o acusava de muitos crimes. Trouxeram a mulher à presença de ambos, ela vociferou todos os crimes cometidos por Cipriano.

— Que poder tens contra mim, mulher? — indagou Cipriano.

— Tenho muito poder, pois sou feiticeira a mais tempo que vós, fui uma das primeiras a fazer pacto com o demônio — gritou a bruxa.

— Muito bem — disse Cipriano admirado —, então como pertences à minha hierarquia, formada na mesma escola iniciática, não jogarei sobre teus ombros a minha ira, e muito menos o meu poder, mas o que estais a pretender de mim, com tantas acusações?

— Quero que tragas o Senhor de Soria e sua família, à presença do rei.

— Posso até atender teus desejos, mas para tudo há uma condição. Quero que Elvira seja minha.

—Apresente-os ao rei, e a bela Elvira será tua — mas ela e o rei já haviam combinado que, assim que ele desfizesse a feitiçaria, dariam cabo de sua vida.

Após algumas horas, Cipriano voltou com o Senhor de Soria e a família, já sem o efeito da magia escabrosa.

— Eu ordeno que saias da minha presença — bradou o rei aos ouvidos de Cipriano, indignado pelo mal causado à família do amigo. — Não és somente um feiticeiro, és também um assassino!

— Esta é a paga que me dás, por eu ter libertado a família do senhor de Soria e a ele próprio? Pois muito bem, daqui para frente verás do que sou capaz — disse Cipriano sentindo-se menosprezado. Irado por ter sido enganado, fervorosamente clama pelo demônio.

— Ordeno imediatamente, dez castelos às minhas ordens.

Porém, a ordem resultou em nada, isso porque a feiticeira estava atuando contra os malefícios de Cipriano.

Sentindo-se tolhido de seu poder e estando sob o poder do rei, freou seus impulsos e retirou-se. Fora do palácio, Cipriano chamou em seu socorro por Lúcifer e exigiu dele resposta para o acontecido.

— Calma Cipriano, Elvira será tua. Siga estas instruções que vou passar: Coloque em um caldeirão de ferro, azeite virgem, bichos amassados (formigas, sapos, moscas, ratos, cobras). Em seguida, encerre o líquido num frasco bem fechado, sem cheirá-lo — assim Cipriano fez.

— Prepare uma lâmpada com o óleo do frasco e ponha uma fava na boca para entrares no palácio sem seres visto (favas estas, que, como contam as lendas, tornavam as pessoas invisíveis).

— O que devo fazer quando estiver dentro do palácio?

— Acenda a lâmpada que leva contigo, sendo assim, afugentarás a todos. Em seguida, põe uma fava na boca da feiticeira e outra na boca de Elvira e dize as seguintes palavras: favas acompanhai-me. Com tudo preparado, Cipriano seguiu para o palácio e venceu a feiticeira, tornou o rei e o Senhor de Soria, mesmo contra vontade, em seus amigos e pode, por fim, apossou-se de Elvira, como era seu ardente desejo.

CIPRIANO E CLOTILDE

45

Em uma das entrevistas com o príncipe dos demônios, Cipriano o inquiriu:

— O que receberei de prêmio no dia de hoje? Presente este que receberei por minha dedicada lealdade a vós.

— Hoje receberás um grande prêmio e muito prazer — respondeu de pronto Satanás.

Satisfeito com a reposta, indagou e acrescentou:

— Caro senhor e amigo leal, a quem eu venero e obedeço há mais de dez anos, com fidelidade e satisfação, ainda não estou contente por estar longe de ti.

— Se és meu discípulo fiel — respondeu Satanás —, hei de retribuir-te as atenções. Ponha a fava mágica em tua boca e segue-me. Imediatamente Cipriano e o demônio ficaram invisíveis, e como num passe de mágica, estavam no palácio da Prússia. Satanás, abrindo uma passagem ao alado do quarto da princesa Clotilde, disse a Cipriano:

— Vês aquela jovem princesa ali deitada?

Pois saiba que não há em todo mundo mulher mais bela do que ela; deixo-a a teu dispor desde agora para fazer com ela o que desejar. Eu estarei aqui para protegê-lo de qualquer situação embaraçosa.

Cipriano usou todas as artimanhas, para que a bela princesa o acompanhasse, mas seus esforços foram inúteis. Passaram-se vários dias, e ele insistiu em suas armadilhas, mas todas elas não obtiveram sucesso.

Um belo dia, estando ele muito irritado por não ter ainda conseguido convencer a princesa a acompanhá-lo, decidiu entrar no palácio em plena luz do dia e falar ao rei. Mas como o rei estava ausente da corte, seria necessário que Cipriano o esperasse por vários dias, isto o irritou ainda mais. Mas chegando o rei ao palácio e vendo o feiticeiro, enfurecido deu logo o alarme aos seus soldados. Cipriano, ao sentir-se em perigo, tratou de fugir, procurou em seu bolso a fava mágica, que o tornaria invisível de imediato, mas não a encontrou. Porém, lembrou-se do demônio, e apanhando do outro bolso um tubo prata, destampou-o e dele surgiu um diabinho.

— Que desejas? — indagou o espírito das trevas.

— Eu quero quatro castelos protegendo-me dos meus inimigos. De imediato o diabinho cumpriu suas ordens, mas nesse ínterim, chegou a cavalaria, com as escoltas dos soldados do rei, mas nada conseguiram fazer contra Cipriano. O entrave foi tão violento, que o castelo dos pais de Clotilde ficou totalmente arrasado.

O rei, desesperado, ajoelhou-se aos pés de Cipriano e lhe implorou que o perdoasse por tê-lo desafiado — Cipriano nada respondeu — o rei então pediu que o perdoasse em nome da pessoa a quem ele mais amasse.

— Bem sabes que sou um mago feiticeiro e que uso da magia diabólica. Vês que teu palácio esta totalmente destruído, que me darás tu, se eu fizer voltar a ser como era o teu castelo? — em seguida Cipriano proferiu suas palavras mágicas.

— Eu ordeno, pelo poder da magia negra, que obedeças a tudo o que eu ordeno: quero imediatamente que este palácio volte a ser como era dantes, "e para golão traga matão, vais de pauto a chião, a molidão, pexela, ispera regra retragarão, onite protual fines! Abracadabra!"

Assim que Cipriano terminou de proferir suas rezas demoníacas, o palácio voltou ao seu estado natural e o rei ficou boquiaberto com a mágica prodigiosa do feiticeiro. Mas, ainda temeroso, novamente jogou-se aos pés de Cipriano e suplicou-lhe:

— Eu imploro a ti, grande mago das ciências ocultas, desejo que me perdoes, se lhe ofendi em algo.

— Levanta-te homem, eu te perdoo, mas com a condição de levar Clotilde comigo — bradou a voz de Cipriano energicamente — o rei nada respondeu — voltou a gritar Cipriano:

— Então o que respondes, homem? — mais uma vez o rei não se pronunciou —

irado, Cipriano esbravejou: ordeno aos demônios, pela magia negra, branca e por todos os rituais demoníacos, que tudo neste reino fique encantado, reduzido a penedos, e que o rei e a rainha virem duas estátuas de mármore!

Em cinco minutos, seus desejos foram executados! Somente não conseguiu encontrar Clotilde. Irado com isto, Cipriano bradou a Satanás: — Onde estás Satanás! Satanás! Satanás! Aparece-me, Satanás!

— Eu estou aqui, às tuas ordens, meu amigo Cipriano!

— Ordeno que me expliques, por que não consigo o prazer com esta princesa?

— Se tu realmente és o demônio, ordeno que digas somente a verdade! — disse a princesa Clotilde que a tudo ouvia.

— Amigo Cipriano — respondeu o demônio, movido por uma grande força maior — há um Deus poderoso que a tudo pode, e que tem poder sobre a terra, o mar e os céus. Se for desejo dele, eu e tu não nos moveremos mais daqui, porque o poder de Deus não tem limites. A bela princesa invocou por seu nome, por isto não pude deixar de confessar-te a verdade. Não a conseguiste ainda, porque todos os dias ela reza uma forte oração a esse Deus, e por ele é protegida de todas suas bruxarias e das minhas tentações.

 Ao ouvir isto, Cipriano prostrou seus joelhos ao chão e em desalento disse: "Senhor dos altos céus, quem sois vós que eu não conheço? E tu Satanás, espírito maligno, demônio maldito, fostes a minha perdição! Maldita seja a hora em que fui concebido: mil vezes seja maldito o ventre que me gerou; maldito sejam meus pais, de quem sou descendente, maldita seja a hora que nasci, amaldiçoo e nego o leite materno que mamei; maldito seja quem tal criação me deu; malditos sejam todos os passos que dei na direção da vida e do demônio! Meu Deus, meu Deus, fazei já, abrir as portas do inferno, para tragarem este maldito homem; desapareça para sempre! Jesus, Jesus, Jesus, se ainda tenho salvação respondei-me dos altos céus!"

— Cipriano ouviu a vós que queria ouvir, dizendo-lhe:

— Filho, continues com esta vida que tens, que te avisarei com um ano de antecipação a salvação da tua alma, um ano antes da tua morte, serás avisado.

Cipriano beijou a terra, agradecendo os benefícios que viriam de Deus.

Porém, Cipriano estava enganado, pois a voz que ecoou pelo palácio, não era de Deus e sim do demônio que, querendo enganá-lo subiu aos astros para uma nítida impressão que a voz era de Deus, em resposta seus rogos. Cipriano, muito ingênuo, nada percebera, mas Jesus apiedou-se dele, devido o seu arrependimento, pois o pobre desde tenra idade somente havia tido comprometimentos com as trevas, e sua ambição tornou-se cada vez maior, por influências de Satanás. Cipriano desconsolado retirou-se do palácio; já ia longe quando uma voz suave o chamou:

— Cipriano, por Deus, Cipriano, tira-me deste desespero, pelo amor que conheceu do verdadeiro Deus — Cipriano sentiu seu corpo tremer e caiu por terra. A princesa, ao chegar perto dele, lhe disse:

— Eu ordeno! Em nome de Deus, levanta-te!

Cipriano levantou-se em seguida, e fitando os lindos olhos da princesa Clotilde disse-lhe:

— Que pretende fazer comigo?

— Estou invocando o santo nome de Jesus, para que te prenda aqui, não hás de conseguir mover-se, sem antes desmanchar o feitiço lançado sobre meus pais e todo o reino!

— Eu — Cipriano responde-lhe com uma pergunta — tudo isto farei. Porém, rogo-te: dizei-me, qual é a oração que fazes todos os dias, e que conseguiu derrotar-me, aprisionar-me, pois todos os feitiços que fiz contra ti, se voltaram contra mim.

— Já que queres aprender, eu te ensinarei com prazer. Repita comigo.

"Eu me entrego a Jesus e à Santíssima Cruz, ao Santíssimo Sacramento, às três relíquias que têm dentro, às três missas do Natal, que não me aconteça mal algum. Maria Santíssima, seja sempre comigo, o anjo da minha guarda, me guarde e me livre das astúcias de Satanás. Reze em seguida um Pai-nosso e uma Ave-Maria"

Cipriano, a passos rápidos, foi ao palácio e tirou suas magias, tudo voltou ao natural. Retornou a Clotilde e disse-lhe:

— Não se esqueça de mim, em tuas orações.

De fato, a princesa em todas as orações, pediu a Deus para que perdoasse os pecados de Cipriano, e foi atendida.

O Encontro de Cipriano com São Gregório

São Gregório estava dentro de sua igreja pregando a palavra de Deus. Cipriano, que passava diante da porta da igreja, indagou a uma pessoa:

— Que patranhas são estas; que impostura é esta?

O homem respondeu-lhe que São Gregório estava pregando a palavra de Cristo:

— Que Cristo, que Deus poderá adorar aquele judeu? O melhor mesmo é todos irem para suas casas e cuidarem de suas vidas.

São Gregório, que a tudo ouvira, pois Cipriano gritou em alto e bom tom, ao terminar seu sermão veio à porta da igreja, e como já conhecia muito bem a fama de Cipriano, disse-lhe:

— Ó, homem sem fé, quando irás abandonar essa carreira de pecados?

— Pecados, eu! — exclamou gargalhando o feiticeiro.

Sim, tu mesmo, tens uma vida de pecados. Andas tão envolvido pela fala mansa do demônio, a ensinar-te as arte diabólicas que não consegues enxergar os teus erros e pecados.

— Diga-me, quem é o Deus de vocês, cristãos? — indagou Cipriano, com descaso:

— Adoramos somente a Deus, o Todo-Poderoso; não nos deixamos envolver pela astúcia de um anjo excomungado e expulso dos jardins dos céus por Deus.

— Porei em teste o poder do teu Deus, quero ver se irá conseguir defender-te do meus malefícios. Se conseguir acreditarei em seu poder, mas caso contrario, te destruirei.

São Gregório, ao ver que ele não estava brincando, passou a orar a Deus para que o protegesse. Cipriano irritou-se ainda mais ao ver o religioso orando e, de imediato, clamou por todos os demônios do inferno. São Gregório, ao deparar com uma legião de espíritos das trevas ao seu redor, olhando para os céus, clamou pelo poder de Jesus Cristo, com maior devoção, para que Jesus o livrasse das bestas enfurecidas, atuadas por Cipriano.

— Jesus, Jesus, bom e amado pai, não me abandones à mercê desses demônios.

Ouviu-se um estrondo violento, que partiu dos céus, fazendo com que Cipriano dobrasse os joelhos, fazendo a terra abrir-se e engolindo todos os demônios aclamados por Cipriano, assim eles desapareceram em seus abismos profundos, dentro do ventre da terra. Mais forte terremoto rompeu, e no meio da nuvem de poeira surgiu Lúcifer cercado por quatro leões, conduzindo um caixão de fogo. Gregório manteve-se em oração.

— Quem és tu para apropriar-se das criaturas humanas ainda vivas? — indagou São Gregório a Lúcifer:

— Cipriano me pertence desde que fizemos nosso pacto, e apesso-me dele porque já morreu — Cipriano estava jogado ao chão, seu corpo jazia inerte — apesso-me dele porque já morreu, vedes o caixão é para conduzi-lo aos infernos. Tanto a alma, quanto o corpo de Cipriano me pertencem!

— Cipriano não morreu, anjo demoníaco! — São Gregório tocou seu corpo e orou a Deus e ordenou: "levanta-te Cipriano", este se colocou de pé — Não te arrependes desta vida de pecado?, é necessário ser muito mal, para permanecer sob o jugo do demônio, busca a salvação em Deus, serás livre das garras de Satanás.

— Bem sabes que eu pertenço a Lúcifer, não posso buscar a salvação na tua igreja, minha alma e minha carne é dele. Eu exijo a tua retirada, judeu, antes que eu faça recair sobre tua cabeça as minhas mágica demoníacas.

São Gregório, sentiu-se magoado, por estar lutando por ele ser salvo, e ele retribuir desta maneira, ameaçando-o.

— Tu é que deves sair de minha presença, não és digno nem de passar na presença de Deus, se não o fizeres eu me valerei-me das forças de Deus.

Enfurecido, Cipriano fez valer suas bruxarias, mas foram cortadas pelas rezas de São Gregório, que desistindo de querer salvá-lo entrou e fechou as portas de sua igreja. Cipriano ao ver suas feitiçarias serem quebradas, mais uma vez, gritou com Lúcifer.

— Nada posso fazer Cipriano, não posso e não devo guerrear contra Gregório. Portanto é melhor deixá-lo com suas pregações e ir embora, mesmo porque dentro de um ano ele te deixaria livre para mim, portanto é melhor não gastar munição agora.

    Cipriano achou melhor ir embora, só não sabia que este episódio marcaria o início da sua conversão à Luz de Deus.

CIPRANO
SE CONVERTE À LUZ DE DEUS

65

A religião pagã, na Antioquia, começa a enfraquecer diante do avanço do cristianismo, vários adeptos engordam as fileiras de Deus. Filha de pais abastados, Justina recebeu esmerada educação dentro da crença pagã. Mas dotada de brilhante inteligência e pureza de sentimentos, deu vazão a sua intuição e interessou-se pela doutrina de Jesus Cristo, através de seus pregadores. Convenceu os pais a acompanhá-la em sua conversão dentro do cristianismo. Além da conversão, entregou-se de corpo e alma a causa de Jesus.

Depois de algum tempo, apareceu em Antioquia um jovem rapaz, de bons princípios, e que de logo se encantou com os predicados e a beleza de Justina. Totalmente apaixonado, decidiu pedir sua mão em casamento. Mesmo sendo pobre, mas tendo tantas virtudes, foi aceito pelos pais da moça. O jovem, rejubilou-se em alegrias, mas Justina recusou terminantemente em aceitar o pedido do pretendente ardoroso.

Aglaide sentiu seus planos ruírem por terra, decidiu que a teria de qualquer forma. Foi procurar Cipriano, o feiticeiro dos feiticeiros, pois sua fama corria terras e mares. De imediato, Cipriano decidiu interceder pelo amor que o jovem nutria por Justina. Não poupou feitiço algum, usou desde os mais violentos até os mais arrebatadores, que fariam qualquer moça cair de amores pelo jovem Aglaide. Usando o demônio, para envolvê-la em tentações, e ser torturada pelo medo, durante a noite, isto foi feito para que ela enfraquecesse sua fé. Mas, quanto mais a moça sentia a presença dos demônio, mais apegava-se a Deus, prostrou-se aos pés da cruz, e orou noite e dia, buscando auxílio espiritual, suas orações também buscavam auxílio de Nossa Senhora do Socorro, que a protegia.

O tempo foi passando e Cipriano nada conseguia. O jovem Aglaide já estava duvidando do poder do feiticeiro, em uma das sessões de magia, Cipriano decidiu invocar diretamente o demônio. Dobre por que seu pedido não tinha sido atendido.

— Demônio, és um impostor, pois não pode realizar um simples caso de amor, és um falso, mentiroso, incapaz de cumprir as promessas que fizeste a mim. Diga-me, que armas usa esta moça para estar tão bem defendida dos meus poderes?

Mais uma vez o demônio teve de arcar com sua fraqueza perante a Luz de Deus. Explicou que a moça dedicava-se, com profunda abnegação, ao Deus dos cristãos. Sempre que as trevas aproximavam-se dela, ela fazia o sinal da cruz, para livrar-se do assédio.

Mesmo com esta explicação, e ciente que mais uma vez punha-se em seu caminho, queria envergar a fé da moça. Pediu um conselho ao demônio.

— Apesar da moça usar o sinal da cruz contra nós, ainda assim posso ajudá-lo. Eu, com minha astúcia, consegui expulsar o homem do paraíso, fiz Caim matar seu irmão Abel. Este Jesus aclamado, foi morto por seus patrícios, pois eu assoprei o desejo do mal aos seus ouvidos; consigo enlouquecer toda a humanidade, desde que ela existe, com tantas habilidades não serei capaz de resolver o caso de amor de Aglaide. Tome este unguento, e unte com ele a porta da casa da bela jovem; ao fazer isto acenderei o fogo do desejo da paixão carnal, é isto que falta em seu coração, o desejo pelo amor de um homem.

Várias tentativas foram feitas por este demônio e por vários outros, que foram invocados por Cipriano, mas ela vencia todos os demônios com suas orações e pelo sinal da cruz. Cipriano, obstinado como era, nunca desistiu de lutar por uma mulher, lutaria ainda mais contra Justina, para dobrá-la aos pés de Aglaide. Desta vez clamou por Lúcifer, o rei do inferno.

— Onde está a força dos teus exércitos, que são derrotados por um simples sinal da cruz. Será que tu também serás derrotado e enxotado por ela, feito um cão vadio?

Sentindo-se humilhado, Lúcifer transformou-se em uma simples donzela e foi até a casa da formosa Justina.

— Irmã — disse ele — como tu, também sou discípula de Cristo, quero que me deixes ficar ao teu lado, na prática da castidade, quero que ensines-me suas virtudes. Quero ser tua companheira, mas preciso sabe, qual vai ser a minha recompensa diante de tanto sacrifício?

— A tua recompensa haverá de ser grande, em relação a tuas penas — disse Justina.

— Mas — retrucou Lúcifer disfarçado — o nosso Deus não disse: "Crescei e multiplicai-vos"! Ficando em eterna castidade, não estaremos desobedecendo as suas leis?

Justina sentiu-se inquieta, a influência de Lúcifer surtira efeito no fundo do seu âmago. Sentiu sua carne incendiar-se, o desejo do amor carnal começava a tomar conta de seus mais ávidos desejos. Depois desta conversa, seu corpo desejava ainda mais o amor, fosse com quem fosse, abalada desejava ser amada e desejada. Mas dentro dela também estava latente a sua devoção por Jesus, procurou refugiar-se no silêncio das orações, buscou alento para seu corpo fragilizado, dentro das meditações. Uma luz iluminou sua mente, desconfiou da companheira, sentiu que estava sendo tentada pelo demônio, desenhou no ar com seus dedos o sinal da cruz, neste instante, um forte estrondo ecoou por toda casa. Era o demônio fugindo do sinal de Deus.

JUSTINA É TENTADA NOVAMENTE PELA AÇÃO DO DEMÔNIO

73

Cipriano não desistiu de quebrar o poder de Justina e dobrá-la aos caprichos de Aglaide. Invoca o demônio para suas feitiçarias. O Príncipe das trevas, no afã de agradar seu pupilo, e também por não querer perder a guerra para Deus, e muito menos a alma de Cipriano, arma-se de todas as formas para derrotar Justina. Transformando-se em um belo e sedutor rapaz, maliciosamente adentrou a casa de Justina, logo ao anoitecer, e escondeu-se em seu quarto. Passado um quarto de hora, Justina recolheu-se aos seus aposentos, e quando preparava-se para deitar, cercada dos anjos de luz que sempre a protegiam, avistou o rapaz saindo da penumbra, caminhando suavemente em sua direção.

Rapidamente ela levantou-se de seu leito, prostrou-se de joelhos e, fazendo o sinal da cruz, clamou por Deus, mal sabia ela que este belo moço era o próprio demônio, e que estava ali para seduzi-la. Mas, ao clamar pelos espíritos da luz, formou-se uma egrégora de luz em sua volta, afastando o demônio de sua casa. Mais uma vez o demônio fora vencido pelos guerreiros da luz. Irado, o demônio se vingou, fazendo ruir sobre Justina todo tipo de infortúnio, sua ira fora além dos limites, lançou uma terrível epidemia na cidade, levando muitas pessoas à morte. Misturando-se ao povo, lançou a semente da discórdia entre a população, maldosamente disse que tudo o que estava acontecendo de ruim, prendia-se ao fato de Justina ter-se negado a casar com um homem de bem, que Deus tinha ficado irado e por isto decidiu castigar a todos. Ignorante como era, a população partiu em romaria, para a frente da casa de Justina, exigindo de seus pais o casamento dela com o jovem Aglaide. Justina, ao ver a fúria de seus patrícios, o desespero deles em reação à peste que estava matando as pessoas na cidade, e ciente que isto só poderia ser obra dos espíritos das trevas, não se abalou, ao contrário, sentindo-se fortemente protegida pelas leis divinas, conseguiu fazer, através de suas orações, com que o povo voltasse para suas casas. Orando, com mais intensidade, conseguiu expulsar o demônio e suas pestes da cidade.

Mas o demônio não desistiu com facilidades, sentindo-se humilhado mais uma vez, decidiu contra-atacar sua vencedora, querendo dobrá-la aos seus pés, para poder mostrar ao feiticeiro Cipriano o seu imenso poder. Colocou mais um de seus planos em execução, transformou-se na bela Justina, pois achava que ao passar-se pela moça, poderia sujar sua reputação de moça recatada. Foi à casa do jovem Aglaide, mas quando o jovem rapaz avistou sua amada, vindo em sua direção, não aguentou a emoção e exclamou:

— Deus meu... é a minha amada Justina!

Mal sabia ele que havia pronunciado palavras mágicas, fazendo com que o príncipe das trevas desaparecesse envolto em uma nuvem de fumaça.

Desta vez, Cipriano sentiu que o poder do demônio não era tão forte quanto ele conclamava, pois devido a tantos insucessos, sentiu que havia tomado um caminho errado ao iniciar-se nas artes mágicas do demônio, sentiu-se derrotado, pois ele mesmo já havia feito todo tipo de feitiçaria, inclusive a magia de transformar-se em vários animais e nada dera certo, pois Justina sempre era salva pelos anjos do senhor Deus. Desanimado, Cipriano decidiu invocar satanás pela última vez. Este, ao apresentar-se a Cipriano, percebeu que seus créditos com seu pupilo estavam desfavorecidos pelas batalhas perdidas.

Cipriano o inquiriu:

— Diga-me, demônio, qual é o segredo de Justina, por que ela vence todos os nossos ataques, qual é o símbolo ou sinal usado por ela, ou qual é a mágica que ela faz para nos vencer?

— Eu somente te revelarei, se me prometeres ser sempre meu servo, e que jamais irá abandonar-me, ou trocar-me por um outro rei — exigiu assim o demônio.

— Muito que bem, eu juro! — respondeu rapidamente o feiticeiro, ávido em descobrir o segredo da bela Justina.

— Ela usa o sinal da cruz sagrada do filho de Deus, este é o sinal de força da moça, somente este sinal me destrói, e a tudo no mundo luciférico. Este sinal destrói também as forças mágicas de qualquer feiticeiro.

— Então queres com isto dizer que este sinal é mais poderoso que tudo, e que Cristo tem mais poder? Bem, se isto é verdade, você é um grande farsante, um impostor, não é mesmo?

— Não sou um impostor, na realidade Cristo tem mais poder que eu, e mais que o resto do mundo, tudo ele pode, e nós quase nada podemos. Ele, com seus enviados de luz, liberta a quem escravizamos no inferno, e quando tentamos trazer para o nosso lado alguém que lhe tenha fé, este estará sempre a salvo.

— Sendo assim, é melhor associar-me a ele, do que a você, sendo ele o único poderoso, prefiro ter ele em minha companhia do que a ti, que se submete a ele.

— Não podes mais afastar-te de mim, tua alma me pertence, juraste que jamais se afastaria das trevas e de mim, que sou seu rei. Terás que me servir e ser fiel a mim até tua morte.

— Vás de retro Satanás, eu te renego e desprezo teu falso poder e as tuas ciladas sem sucesso. Prefiro ter ao meu lado o sinal da cruz, que me defenderá de ti e de toda tua comitiva; vou buscar o sinal de Cristo, quero que ele me receba e me proteja de suas investidas.

Totalmente impotente, irado, o demônio desapareceu, sendo mais uma vez derrotado por Deus.

Cipriano procurou o bispo do local, chamado Ergamastro que, à primeira vista, o repudiou e por pouco não o mandou embora.

Mas qual não foi a surpresa do bispo Ergamastro ao ouvir da boca de Cipriano o apelo em ser batizado, com o sinal de Cristo. O feiticeiro ansiava pelo batismo.

CIPRIANO É BATIZADO

81

Não demorou muitos dias para que fosse batizado nas leis cristãs. Por alguns dias, Cipriano fora preparado e instruído nos princípios da doutrina cristã. Foi com grande solenidade que ele recebeu o sagrado batismo, diante dos olhares apalermados e espantados de muitas pessoas, pois sua fama de feiticeiro corria mundo. Todos sabiam que ele, Cipriano, lidava com forças demoníacas.

Daí para frente ele viveu em santa castidade, e levando uma vida de plena virtude cristã. Com o passar do tempo tornou-se sacerdote e, após a morte do bispo Ergamastro, assumiu o seu lugar.

A bela Justina também foi cumprir sua missão, ingressou em um convento de irmãs de caridade e, devido a sua dedicação, chegou a ser Abadessa. Também fizera votos de pobreza e castidade, renunciou ao mundo profano. Muitas jovens seguiram seu exemplo e tornaram-se freiras.

Cipriano se empenhou na ajuda a presos, condenados ao martírio.

A PRISÃO DE CIPRIANO E JUSTINA

A missão de caridade e a própria conversão de Cipriano ao cristianismo, incomodou muito os governantes da era pagã, a tal ponto dele ser preso por ordem das autoridades reais. Cipriano foi levado ao tribunal, onde o procônsul exigiu que ele queimasse incenso aos ídolos pagãos. Ordenaram que ele adorasse a esses ídolos pois somente assim seria libertado, pois provaria sua fidelidade ao seu rei e aos deuses do império.

Porém, jamais, cristão algum dobrou-se a ídolos falsos, pois para ele somente existia um Deus e este era Jesus Cristo. Cipriano, cada vez mais envolvido pela luz do cristianismo, negou-se terminantemente.

Justina, por esta mesma ocasião, também fora presa e levada diante do tribunal do procônsul e, ao exigirem dela as mesmas coisas também recusou-se. O procônsul, ao ver que nada os abalava e que a fé cristã deles era profunda, e que esta mesma fé poderia ser ruim para o império, decidiu entragá-los à sanha do carrasco.

O carrasco era experiente em fazer os presos arrependerem-se de seus crimes e, sendo estes presos cristãos, é claro que o castigo aplicado seria mais severo e desumano. Sendo assim, o carrasco preparou uma enorme caldeira de óleo quente. Cipriano e Justina foram mergulhados por diversas vezes na caldeira. Mas de nada adiantou tamanha crueldade, pois nada acontecer com os dois. Os ímpios dos poderes, que se deleitavam com o grotesco espetáculo, não se conformaram em ver os dois saírem ilesos do óleo fervente, chamaram um bispo pagão para assistir mais uma vez à tortura, pois achavam que eles estavam sendo salvos, graças às artes mágicas de Cipriano. O bispo aproximou-se da caldeira, onde os dois foram mergulhados, investigou, investigou, clamou por seus deuses e invocou a força de Júpiter. Mas quando já ia terminar suas invocações, uma enorme labareda emergiu da caldeira, e apossou-se de seu corpo, queimando-o por completo. Enquanto isto, Justina e Cipriano estavam mergulhados no óleo fervente até o pescoço e nada, absolutamente nada, havia lhes acontecido. O procônsul, ficou ainda mais irritado, ordenou que tirassem os dois da caldeira e que ambos fossem decapitados, pois somente assim manteria as leis imperiais sobre o povo. Esta atitude fora tomada, para que os dois não fossem endeusados pelo povo.

Cipriano e Justina foram levados a praça pública, que como já era de praxe, o aparelho de degolação permanecia na praça como objeto de adorno, e sua própria presença impunha respeito e temor aos cidadãos.

Justina e Cipriano se depararam com todos os cidadãos da cidade, que se acotovelavam para acharem um melhor lugar, para assistirem o castigo imposto aos dois. Cipriano foi conduzido ao pé do estrado, sua fé estava inabalada, foi para a morte entoando cantigos em louvor a Jesus Cristo, sua cabeça foi decepada de um só golpe, pelos musculosos braços do carrasco. Cipriano teve seu corpo esquartejado e esparramado pelas ruas da cidade e o mesmo sucedeu com Justina.

Contam que alguém que teve piedade recolheu os restos mortais de Cipriano, que foram levados para Roma. Anos mais tarde, no tempo do império de Constantino O Grande, os restos mortais de Cipriano foram trasladados para a basílica de São João de Latrão em Roma, por ordem do próprio Constantino.

Por este histórico de São Cipriano, o leitor pode perceber que quando o filho se arrepende, o pai perdoa. Portanto, ao querer associar-se às trevas, pense uma, duas, mil vezes, pois o caminho de horror que irá percorrer ao associar-se às trevas poderá não ter volta. Se você pode ser forte, poderoso, iluminado e iniciado nas leis naturais do pai criador, para que fazer tanto sacrifício, no caminho inverso de Deus? Se Deus a tudo pode, e o diabo sempre é vencido pelo exército de Deus, para que fazer sociedade com ele? Inicie-se na magia natural de Deus, que é forte e soberana, com esta magia você irá aprender a defender-se dos ataques dos seres luciféricos e, ao mesmo tempo, terá oportunidade de fazer aquilo que tanto fascina o ser humano, desvendar os mistérios do além e dos rituais que regem a natureza, esta é a melhor maneira de sentir-se iniciado. Não confie jamais no ditado que diz: "Um passo com Deus é bom, dois passos com o diabo é melhor". Muito cuidado, pois se acatar este ditado, o diabo poderá lhe dar muitas coisas, mas também poderá estar conduzindo seus passos para o abismo profundo do mundo.

Dias Aziagos do Ano
em Que não se Podem Fazer Feitiçarias
(que não sejam para o Bem e sim para o Mal)

Janeiro

1 — 2 — 3 — 4 — 5 — 6
7 — 8 — 9 — 11 — 12 — 15
16 — 23 — 24 — 26 — 30

Fevereiro

2 — 4 — 10 — 13 — 14 — 15 — 16
17 — 18 — 19 — 23 — 28 — 29

Março

10 — 13 — 14 — 15 — 16 — 17
— 19 — 28 — 29

Abril

3 — 5 — 6 — 10 — 13 — 15 — 17
— 20 — 29 — 30

Maio

2 — 7 — 8 — 9 — 10
— 11 — 14 — 17 — 19 — 20

Junho

1 — 4 — 6 — 10 — 16 — 20
— 21 — 24

Julho

2 — 4 — 5 — 8
10 — 16 — 17 — 19 — 20 — 27

Agosto

1 — 3 — 6 — 7 — 8 — 9 — 13
19 — 27 — 29

Setembro

1 — 13 — 15 — 16 — 17 —
18 — 22 — 24

Outubro

1 — 3 — 6 — 7 — 8 — 9 — 10 —
16 — 21 — 29

Novembro

2 — 6 — 7 — 11 — 15 — 16 — 17
18 — 22 — 25

Dezembro

1 — 6 — 7 — 9 — 15 — 21
29 — 31

As Magias de São Cipriano

Observação

Ao descrever as receitas das magias de São Cipriano, não me torno responsável por elas e pelos efeitos que elas darão, e nem aconselho os leitores a fazê-las. Nenhuma das receitas foram por mim utilizadas, apenas, como escritor e pesquisador passo a informação das pesquisas de literaturas já existentes. O ser humano caminha, a cada dia, necessitando obter mais informações sobre o bem e o mal, e é evidente que a vida de São Cipriano é uma lição elucidada dos percalços que ele teve de passar em querer aprender a magia do bem e a magia do mal. Rituais mexem com forças energéticas espirituais, cósmicas e outros tipos energéticos. A maioria das energias ainda é desconhecida, de muitos médiuns, espiritualistas, esotéricos, pesquisadores e cientistas sérios e responsáveis. Imagine para quem está se iniciando, neste mundo de energias, que às vezes parecem tão simples de se lidar, mas na verdade estas energias podem, na mão do leigo tornarem-se um bicho de sete cabeças. Portanto, tudo o que desconhecemos tem o seu lado positivo e o seu lado negativo, e para ativar estas energias temos de saber o momento, a medida, o horário e o grau certo e exato, em que elas podem ser trabalhadas e ativadas. Mas quando optarem pela magia branca verão que tudo fluirá de maneira mais coerente, pois Deus colocará em seu caminho, somente pessoas sérias, que trarão a vocês um leque aberto de opções de ensinamentos; um novo universo espiritual irá descortinar-se diante de seus olhos.

TRABALHOS DE AMARRAÇÃO

Material a ser usado

Dois bonecos, um homem e uma mulher, confeccionados com pano virgem de algodão de linho.

Ao terminar de fazê-los, você deverá uni-los, em posição de abraço. Em seguida, faça esta oração:

"Eu te prendo e te amarro, em nome de Nosso Senhor Jesus Cristo, Padre, Filho, Espírito Santo, para que debaixo deste santo poder, não possas comer nem beber, nem estar em parte alguma do mundo, sem que estejam em minha companhia (fulano ou fulana, diz aqui o nome da pessoa), aqui te prendo e te amarro, assim como prenderam Nosso Senhor Jesus Cristo no madeiro da cruz; e o descanso que tu terás enquanto para mim tu não virares, é como o que tem as almas do fogo do purgatório, penando continuamente pelos pecados deste mundo, é como o que tem o vento no ar, as ondas no mar sempre em constante e continuo movimento, a maré a subir e a descer, o sol que nasce na serra e que vai se pôr no mar. Será esse descanso que eu te dou, enquanto para mim tu não virares, com todo o teu coração, corpo, alma e vida; debaixo da santa pena de obediência e preceitos superiores, ficas preso e amarrado a mim, como ficam estes dois bonecos amarrados juntos".

Estas palavras devem ser repetidas nove vezes a hora do meio-dia, depois de se rezar a oração das "horas abertas" (esta oração fará parte do capítulo das orações).

Ritual Infalível para Casar

107

Material a ser usado

Um metro de fita branca virgem, comprada no armarinho, na hora que for fazer o ritual.

Ao comprar a fita, não peça para embrulhar, saia do armarinho e, olhando com firmeza para o céu, comece a andar e diga:
"Três estrelas no céu vejo, e a de Jesus, quatro; ato esta fita à minha perna, para que fulano (dizer o nome da pessoa), não possa comer nem beber, nem muito menos descansar, enquanto comigo não casar".

Material usado

Uma fotografia da pessoa.
Esta oração deve ser dita durante seis dias consecutivos, dizem que no último dia da oração a pessoa virá pedir-lhe em casamento.
"Fulano (dizer o nome da pessoa), São Amancio (ou como o chamam de São Manso) te amanse, o manso cordeiro para

que não possas beber, nem comer, nem descansar, enquanto não fores meu legítimo companheiro." Enquanto estiver orando segure a fotografia na mão e mentalize seu desejo.

Ritual para o Homem ser amado e desejado pelas mulheres

Material a ser usado

Borra de cera amarela, que pendem dos castiçais em velórios.
Lenha de cipreste.

Faça um fogo e com a lenha derreta a borra da vela, com o liquido faça uma vela com pavio. (utilize um cano próprio para fazer vela). O certo seria fazer isto enquanto o defunto não for enterrado, dizem que o talismã fica com mais força. Depois dê um jeito ao acender esta vela, para que a mulher amada veja a luz dessa vela. Você também poderá fazer a vela em objetos próprios de velas, que se usam para jantar romântico e íntimo.

Obs.: Não fazer o ritual em dias aziagos.

Outro ritual para o Homem ser cobiçado por uma determinada mulher

115

Material a ser usado

Trigo natural.

O homem que tiver interesse em um mulher e esta não o desejar, deve fazer este ritual. No dia em que marcar um encontro com ela, ou mesmo um jantar, proceda desta maneira:

Coloque na boca um punhado de grãos de trigo, que não sejam queimados e sim naturais, mastigue-o suavemente, tendo o pensamento em Deus, e vá dizendo:

"Por Deus te mastigo, por Deus te bendigo, com os dentes te amasso ó pão, és de trigo. Pela hóstia não ázima, te juro, meu Deus, emendar-me sempre, dos pecados meus. Pelo bem de teu filho, permite Senhor, que sempre fulana(o) (dizer o nome da pessoa) por mim sinta amor."

Depois desta oração, deve-se chamar um gato preto, que não seja castrado, e fazer ele lamber na sua mão o pó do trigo. Em seguida, vá visitar a pessoa e dê um jeito de colocar a massa do trigo, na bolsa, ou nos seus pertences.

A pessoa que for fazer este responso, não deverá comentar com ninguém, porque no passado foi instruído por São Cipriano, pois se o fizer, poderá ter muitas desgraças e misérias na vida, pois usou o ingrediente do pão do corpo e da alma, com ideias profanas e libidinosas.

RITUAL DA FLOR DE LARANJEIRA

Material a ser usado

Um lenço furtado da pessoa amada.
Um vidro de perfume-colônia, água de laranjeira.

Quando a mulher perceber que seu noivo está protelando para marcar a data do casamento, ou então, já está com a data marcada e o noivo vive adiando para o ano seguinte. Furte-lhe um lenço sem que ele perceba, indo com este lenço o mais breve possível para uma igreja. Lá chegando, a pessoa deverá molhar o lenço na pia do batismo, ou então no local onde é depositada a água benta para os fiéis se benzerem (ato de contrição do catolicismo). Ao chegar em casa ligue o ferro de passar roupa, vá dizendo esta oração e mentalizando seu noivo com muita firmeza naquilo que deseja.

"Água lustral, tu que possuís a virtude para nos fazer cristãos, e nos abre o caminho do céu, fazei com que fulano (dizer o nome da pessoa) me receba por esposa no espaço de cem sóis, e me dê tão grande confiança como

São José depositou na Virgem Maria. Eu me entrego nas mãos dele, ornada da flor com que perfumarei este lenço e com o qual ele limpa os lábios por onde entra a hóstia consagrada que encerra o corpo de Jesus Cristo. Amém."
Assim Seja.

Ao concluir o ritual perfume o lenço com o perfume de flor de laranjeira e sem que o noivo perceba, coloque o lenço em seu bolso, no mesmo bolso em que geralmente ele usa um lenço.

Ritual para saber se não é traído (a)

123

Material a ser usado

30 gramas de enxofre;
30 gramas de limalha de ferro;
Uma fotografia da pessoa;
Uma boa porção de água.

Faz-se na terra de seu quintal, ou em uma mata, uma cova de profundidade de dois pés. Com o enxofre, o pó de ferro e a água, faz-se uma massa. Coloque-a na cova, por cima da massa, deite a fotografia, envolvida em couro preto. Se não possuir a foto da pessoa, escreva o seu nome em um pedaço de papel sem linha; escreva com lápis, jamais com caneta. Coloque em cima da massa, deverá também estar coberta pelo couro. Com a mesma terra que abriu a cova use-a para cobrir a cova e vá dizendo:

"Santo São Cipriano faz com que eu saiba se fulano (dizer o nome da pessoa) me é infiel".

Deixe passar 15 horas (este é o tempo para a magia concluir-se), a terra entrará em ebulição, como se fosse um pequeno vulcão, que produzirá pequenas labaredas cinzentas.

Se a foto (ou o nome) for expelido pelo fogo é porque a pessoa é fiel, se for atacado, é porque também esta pessoa está queimada pelo amor. Se por acaso a foto ficar dentro da cova, é porque a pessoa está presa em fortes laços sentimentais, se é atirada a curta distância, é porque a pessoa tenta desligar-se de sua prisão, se é atirada longe, a pessoa foi liberta e pronta para voltar para a pessoa amada, para a pessoa que a chama.

Ritual para descobrir se existem pessoas desejando nosso mal

Material a ser usado

Sal grosso;
Anilina encarnada (vermelha) em bagos.

Este ritual somente poderá ser feito quando sentir forte coceira na palma da mão direita. Ao sentir esta comichão, esfregue a parte que lhe coça por quatro vezes em cruz, e diga esta oração de joelhos prostrados ao chão. Faça com muito respeito e confiança:

> Por Deus, pela Virgem
> Por tudo que é santo
> Se quebre este encanto.
> Com pedra de sal.

Neste momento, jogue umas pedras de sal grosso no fogo (pode ser feito no fogão a gás ou a lenha) enquanto o sal estala no fogo, vá dizendo:
> Não sei o motivo
> Por que haja algum vivo
> Que assim me quer mal.

Faça o sinal da cruz três vezes e coloque no fogo um punhado da anilina encarnada.

A pessoa que estiver lhe desejado o mal aparecerá depois de 24 horas do ritual, com manchas vermelhas no rosto ou no corpo, terá as manchas iguais aos bagos de anilina que foram queimados no fogo. Por isto será bom colocar bagos e não a anilina em pó. Desta maneira saberá quem é o inimigo que quer seu mal, e assim ficará longe dele para sempre, ou, se não puder ficar longe, pelo menos poderá vigiá-lo, para impedir suas maldades. Os antigos diziam que os inimigos nunca devem ficar fora do alcance de nossos olhos, pois somente assim ficaremos sabendo o que ele está planejando.

Ritual do trevo de Quatro folhas

Material a ser usado

Um ramo de trevo de quatro folhas.

Este ritual terá de ser feito na véspera de São João, portanto quem for fazê-lo terá de apanhar o trevo na véspera.

Assim que o encontrar faça um signo de Salomão em torno dele e deixe-o ficar até a noite. Quando der meia-noite, fazendo cruzes em cima do trevo, reze esta oração:

Oração para consagrar o trevo de quatro folhas:

"Eu, criatura do Senhor, remida com o seu Santíssimo Sangue, que Jesus Cristo derramou na Cruz, para nos livrar das fúrias de Satanás, tenho vivíssima fé nos poderes edificantes de Nosso Senhor Jesus Cristo. Mando ao demônio que se retire deste lugar para fora, e o prendo e amarro no mar coalhado, não perpetuamente, mas sim até que eu colha este trevo; e logo que o tenha colhido o desamarrarei da sua prisão. Tudo isto pelo poder e virtude de Nosso Senhor Jesus Cristo".

Assim Seja.

Atenção

Quando estiver concentrado, fazendo sua oração, o demônio estará de vigília. Portanto, quando for aprisioná-lo (fará isto na parte da oração que diz, mar coalhado) ele poderá aparecer e provavelmente vai tentar iludir você com falsas promessas, mostrar-se humilde e poderá até pedir para não prendê-lo. Mantenha seu pensamento firme em Deus, e mentalize estas palavras: " Retira-te Satanás, dez passos ao largo e ausenta-te de minha pessoa." Depois disto, ele estará preso pela força de sua oração. Mantenha-se firme em seu propósito, pois agora ele terá que fazer tudo o que você pedir. Depois disto, com carinho, apanhe o seu trevo de quatro folhas, este será o seu talismã, ritualizado pela tua fé, coragem e força de pensamento, com ele estará sempre protegido contra os malefícios e os revezes da sorte.

RITUAL PARA GANHAR NO JOGO

Material a ser usado

Uma figa de azeviche (se você mandar fazer, terá de ser feita com faca de fino aço e nova) se não tiver como fazê-la, terá de comprá-la em casas de artigos religiosos.

Uma fita de Santa Luzia (que você poderá adquirir nas igrejas de Santa Luzia).

Coloque a figa na fita, leve-a ao mar, lave a figa e a fita nas águas salgadas, e por três vezes passe-as pelas espumas de três ondas.

Obs.: Quando estiver fazendo o ritual, você deverá rezar três vezes o Credo e oferecer uma vela de quarta a Santa Luzia. Também deverá fazer seus pedidos e sempre que for jogar deverá estar com ela pendurada ao pescoço.

Atenção

Mas não faça do jogo uma profissão, e nem deixe que a ambição o cegue. Use a figa também como proteção e para coisas boas.

O Poder do Azevim

1. O azevim atrai fortuna, caminhos abertos para negócios e felicidades.

2. Aquele que portar o azevim, se tocar em uma outra pessoa com certo interesse, terá essa pessoa aos seus pés, e esta o seguirá por toda parte.

3. É um talismã poderoso, e é usado para todos os fins, quem usa o azevim é beneficiado pela sorte. Muitas pessoas já enriqueceram em várias partes do mundo. Muitos comerciantes costumam pendurá-lo na entrada de suas lojas e todas as manhãs fazem uma oração em louvor a Deus e a seu talismã.

"Deus te salve, azevim, criado por Deus."

Ritual do Azevim

O azevim tem de ser apanhado à meia-noite em ponto. Este ritual deverá ser executado na noite de São João (24 de junho), e a faca a ser usada deverá ser virgem e de fino aço. Ao cortá-lo, abençoe-o em nome do Pai, do Filho, e do Espírito Santo; depois é só levá-lo ao mar e passá-lo pelas sete ondas. Ao banhá-lo deverá rezar o credo por sete vezes, e com a mão direita vá fazendo cruzes em cima do azevim. Quando for fazer qualquer ritual no mar, não se esqueça de saudar as correntes de energias espirituais que governam o mar, é um território sagrado e merece muito respeito.

Ritual do Ovo

Material a ser usado

Um ovo posto por uma galinha preta.
Um copo de vidro virgem.

Este ritual deverá ser feito na noite de São João. Deixe ao relento o ovo da galinha preta quebrado dentro do copo com água. De manhã, ao nascer do sol, vá vê-lo, e verá a sua sorte e os trabalhos que tem de passar. Neste ritual você tem de estar com a mente desanuviada, e muito concentrado, para poder decifrar as mensagens formadas pelos desenhos que a gema e a clara lhe mostrarão. Se não conseguir de imediato, não fique aborrecido, achando que não foi atendido, ou porque o ritual falhou. É só uma questão de paciência para poder entender os sinais.

Ritual das Almas do Purgatório

Este ritual deverá ser feito em uma sexta-feira à meia-noite, será necessário, muita fé, concentração e coragem. Quando for sexta-feira e o sino da igreja estiver soando as badaladas da meia-noite, esteja na porta principal da igreja. Bata três vezes na porta e diga em alta voz:

"Almas! Almas! Almas! Eu lhes obrigo da parte de Deus a da Santíssima Trindade, que me acompanhem".

Ao dizer estas palavras, ao terminar de falar, dê três voltas pela igreja em sentido horário, mas nunca olhe para trás, pois poderá passar por um grande susto e perder até a fala. Assim que terminar as voltas, reze um Pai-nosso e uma Ave-Maria. Ao terminar, retire-se com o mesmo respeito que chegou e se portou durante todo ritual; a igreja é uma casa sagrada e merece todo respeito. Você deverá fazer este ritual nove sextas-feiras consecutivas. No último ritual, provavelmente alguma alma o interrogará: — O que deseja de mim? — ou através da intuição auditiva ou por sua vidência, ou porque ela quis lhe aparecer. Mas o que importa é saber que será atendido no que pedir.

Atenção

Em nenhum momento do ritual você deverá mostrar temor, insegurança e muito menos olhar para traz.

Ritual da Raiz do Salgueiro

A fama da raiz do salgueiro atravessou séculos e séculos, este foi usado por muitos estudiosos, alquimistas e célebres feiticeiros, mas não são todos os feiticeiros e bruxas que na época tiveram em suas mãos o poder desta raiz. Esta fórmula foi descoberta escrita em pergaminho, trancada dentro de um cofre de bronze em Montessart na Espanha, na época áurea dos mouriscos, na verdade, foram descobertas mais fórmulas, mas aqui neste capítulo trataremos da raiz do salgueiro.

Ao cortar a raiz do salgueiro, trate de colocá-lo num lugar muito escuro, pois só assim se poderá ver os vapores, como se fossem as do enxofre, evoluindo no ar como se fossem labaredas crepitantes.

Se usar esta magia para o mal deverá aspergir água benta por cima da raiz e vá dizendo:

"Pelo fogo que aquece o sangue e pelo frio que gela quero que enquanto o fogo fátuos desta raiz não se apagarem, que fulano (dizer o nome da pessoa) não tenha um momento de satisfação".

Se a magia for para o bem, deve-se dizer a oração ao contrário, colocando a mão direita sobre o coração.

"Que o coração de fulano (dizer o nome da pessoa), deite fagulhas de entusiasmo por mim, como as que estão saindo agora desta abençoada raiz.

Obs.: Esta raiz dura geralmente seis meses com as evaporações, enquanto ainda estiver verde. Por isto será sempre bom já ter uma outra que receberá a virtude da seca e ritualizada, assim que acabar de queimar.

Ritual da Cabeça da Víbora

Material a ser usado

Uma cabeça de víbora seca.

Obtenha uma cabeça de víbora (cobra pequena e mortal), transforme-a em um talismã, traga-a sempre consigo, assim como fazem os adoradores do pé de coelho. Algumas pessoas a utilizam para o mal, mas o correto e usá-la para o bem ou nos casos de pedir-se justiça. Mas como em todo ritual que se faz, o homem que foi criado por Deus, ao associar-se às trevas será por ele excomungado. Vai aí um alerta: "Porque aqui se faz, aqui se paga" e se não pagar nesta encarnação, pagará em uma próxima. Ponderemos, filhos de Deus!

Se alguém lhe causou magoa ou aflição, e você deseja que a pessoa se retrate, basta clamar pelo auxílio da víbora, segrede aos seus ouvidos o seu desejo de retratação. A pessoa que lhe prejudicou por atos ou por palavras virá rapidamente te procurar, e brando fará o pedido de perdão (só que você deverá perdoar com sinceridade, pois tudo será feito em nome de Deus).

Se a sua vida sentimental estiver abalada, ou rompeu com o bem-amado e deseja reatar o romance, faça esta oração:

"Víbora, por caminhos sem fragas mande-me fulano (dizer o nome da pessoa) aqui em meu socorro, ou condena-o a sofrer de ciúmes por toda vida".

Este ritual deverá ser feito com muita fé e respeito pelas leis divinas, e ninguém poderá saber do seu talismã.

Ritual e Simpatias para Diversos Fins

Ritual do vinho e do azeite para curar uma ferida

Material a ser usado

Cinco a seis paninhos branco de algodão (de preferência virgem, ou muito limpo).
Vinho Branco
Azeite de oliva (chamado pelos antigos de óleo bom).

Os pedaços de pano deverão ter o mesmo tamanho da ferida (chagas). Em uma vasilha de louça ou ágata, coloque o vinho e um pouco de água, assim não arderá muito a ferida inflamada. Depois unte todo o local da ferida com o azeite, mas como é um ritual, você deverá benzer o local, com o sinal da cruz. Em seguida, coloque os paninhos já devidamente cortados e molhados no vinho branco em forma de cruz.

Obs.: São colocados vários paninhos, devido se encharcarem com o vinho mais rapidamente. Sendo assim a ferida permanece mais tempo fresca, e não criará matéria alguma, que poderia infeccionar o local.

Ritual para casados: para descobrir qual dos dois tem problemas que impeçam gerar filhos

Material a ser usado

Farelo de trigo.
Duas vasilhas de ágata.

Este ritual deverá ser assim: O marido e a mulher devem urinar, cada qual em uma vasilha, e em cada vasilha deve-se colocar um punhado de farelo (uma mão cheia) deixe este preparado por uns dias, aquela vasilha que criar bicho, será o da pessoa que tem problemas para procriação ou conceber.

Remédio para ter voz boa e clara

Material a ser usado

Flor de sabugueiro.
Vinho branco.

Deixe as folhas de sabugueiro secar ao sol, assim que secarem deverá moê-las. O pó que for obtido deverá ser colocado no vinho branco para ser curtido, este liquido deverá ser tomado uma vez por semana, em jejum. O sumo do aipo também limpa a voz, e mesmo sendo comido como salada ou refogado, já contribui para as cordas vocais ficarem livres das infecções que atacam a garganta.

Simpatia
para curar calvície

Material a ser usado

Dez moscas domésticas, menos as varejeiras.
Azeite de oliva de boa qualidade.

Em uma frigideira deite umas três colheres de azeite de oliva, coloque as moscas e tampe a frigideira. Deixe-as cozinhar por um bom tempo, pois assim serão mortos os micróbios que eles trazem consigo. Tire do fogo e coloque em um vidro o azeite com as moscas, deixe esfriar e guarde fechado hermeticamente. Todos os dias a pessoa deverá fazer uso deste preparado, mas para obter-se melhores resultados é recomendável raspar-se as penugens que ficarão, pois elas não têm força e impedem a saúde dos cabelos fortes.

Simpatia para manter os cabelos sempre pretos e fortalecidos para não caírem

Orações
Material a ser usado

Folhas de azinheiro (um punhado).
Cascas de pepino secas.
Aguardente com pedra de cânfora.

Pegue as folhas do azinheiro e as cascas do pepino, partes iguais, soque tudo em um socador de alho (pilão), coloque a massa bem misturada a meio quartilho de aguardente-canforada em um recipiente de louça. Misture bem todos os ingredientes e deixe este preparado por oito dias ao relento. Depois deste ritual, você já pode utilizar, lavando a cabeça com este produto, de três em três dias. Seus cabelos não mudarão de cor e deixarão de cair.

Simpatia para fazer as unhas e cabelos crescerem mais rápido

Tanto as unhas, quanto os cabelos deverão ser cortados, quando a lua estiver nos signos Touro, Virgem ou Libra, e a lua terá de ser crescente.

Simpatia para que as unhas e cabelos cresçam pouco

Tanto as unhas, quanto os cabelos, deverão ser cortados na fase da lua minguante e nos signos de Câncer, Peixes e Escorpião. Isto fará com que cresçam mais lentamente.

Simpatia para deixar barba e cabelos brancos sempre pretos

Material a ser usado

Folhas de figueira negra.
Azeite de macela galega (na falta deste azeite, use o de oliva).

Deixe as folhas da figueira secarem-se ao sol, assim que secarem triture-as, reduzindo-as a pó. Em seguida, misture este pó ao azeite. Poderá ser usado em seguida untando barba e cabelo, deixando o produto agir por um bom espaço de tempo: quanto mais tempo deixar o produto agindo mais rápido terá o resultado que tanto anseia.

Simpatia para conservar barba e cabelos sempre louros

Material a ser usado

Folhas de nogueira.
Cascas de romã.

Coloque as folhas de nogueira e as cascas de romã em um alambique de vidro, com este preparado a pessoa deverá lavar os cabelos e a barba durante quinze dias. Se eles forem louros permanecerão naturais.

Outra receita para conservar, na cor preta, cabelos e barba

A pessoa deverá mandar fazer ou adquirir um pente que seja feito de chumbo, daí para frente deverá pentear a barba e o cabelo somente com este pente.

CRUZES E OUTROS SÍMBOLOS MÁGICOS
173

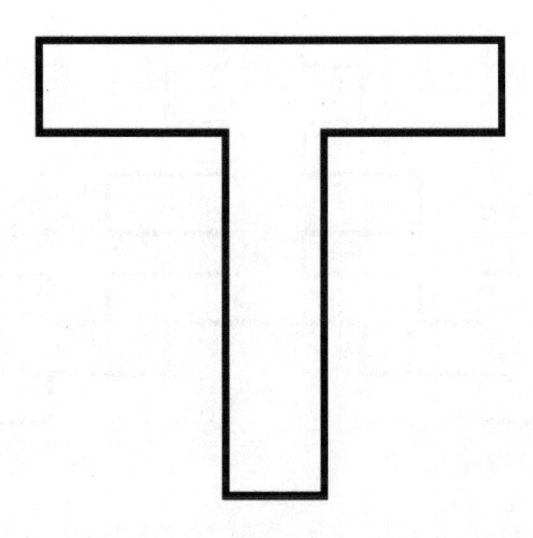

Cruz Egípcia
Também conhecida como Cruz de Tau.
Poderoso Amuleto Protetor

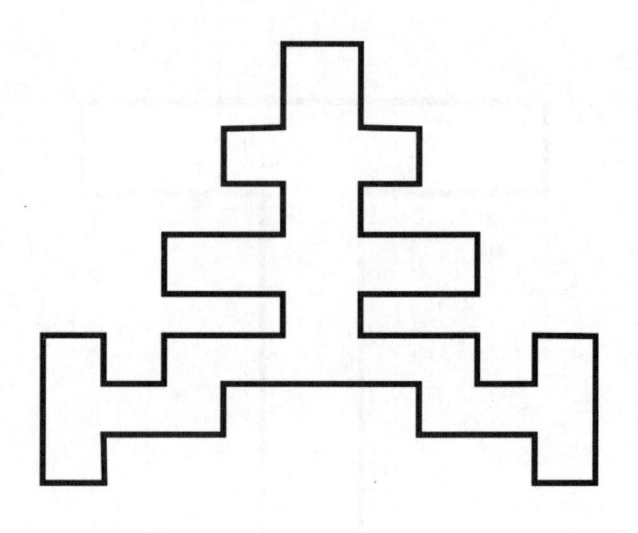

Cruz da Magia Branca
Usada contra feitiços e mau-olhados.

Cruz da Bruxaria
Para fazer trabalho de bruxaria.
Meia-noite é hora ideal para ser confeccionada.

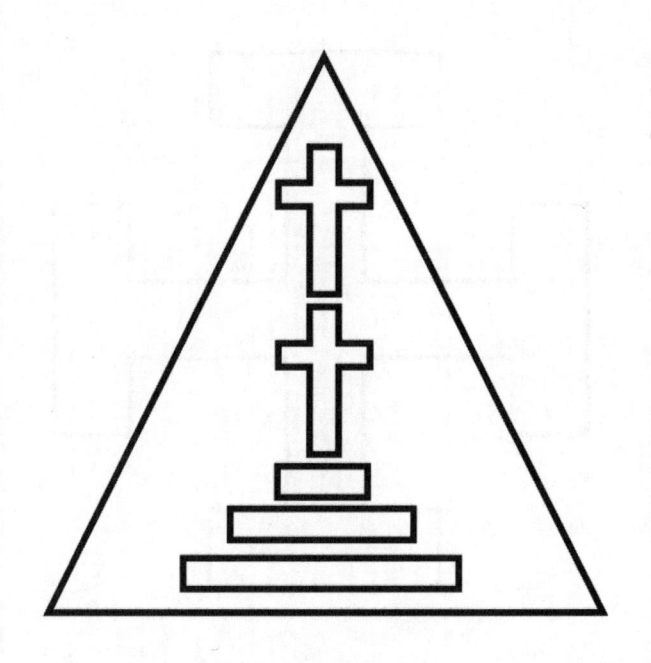

Cruz da Magia Negra
Símbolo usado para vinganças e magia negra.

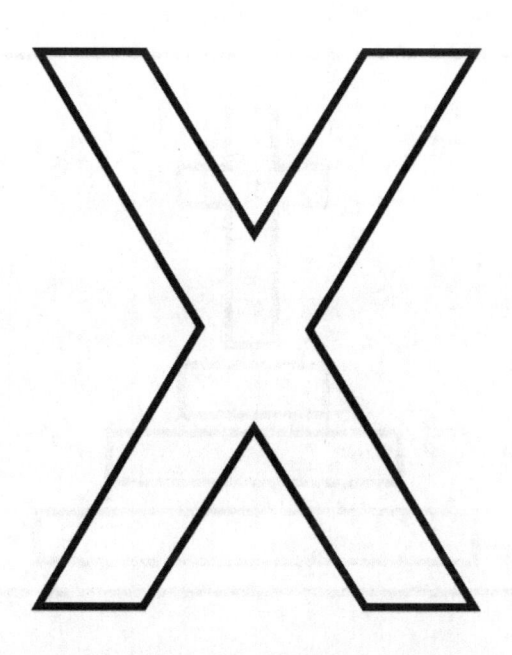

Cruz Sagrada dos Romanos
Cruz onde Santo André foi martirizado.

Cruz dos Primeiros Cristãos
O caminho do homem em busca de Deus.

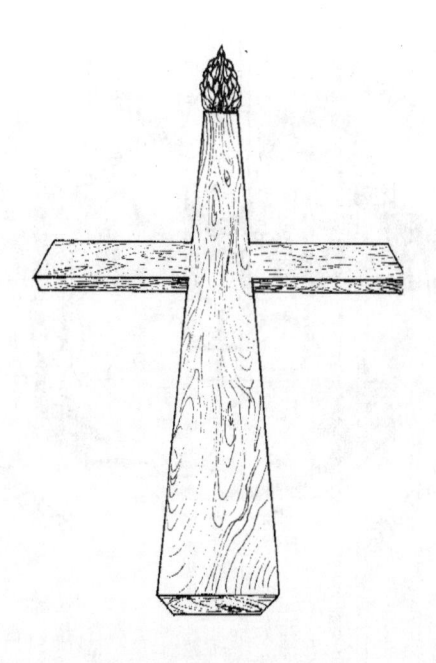

A Grande Cruz de São Cipriano
Um símbolo usado contra qualquer tipo de feitiço.

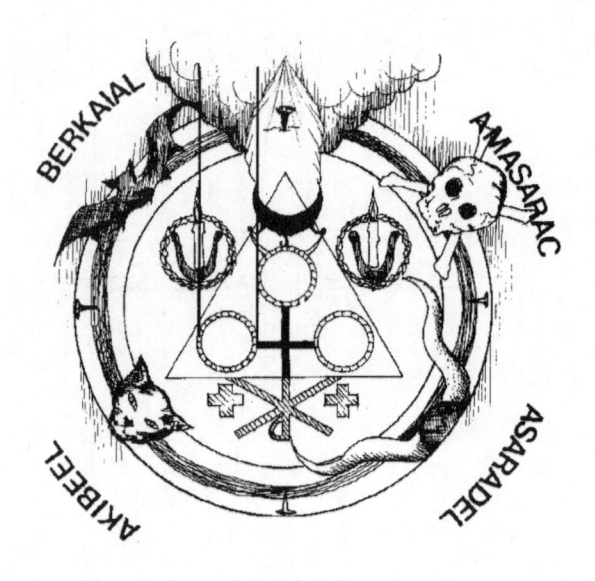

Pentáculo usado na Magia Negra.

Símbolo especial da Magia Negra.

Talismã gnóstico de Salomão. Poderoso símbolo da Magia.

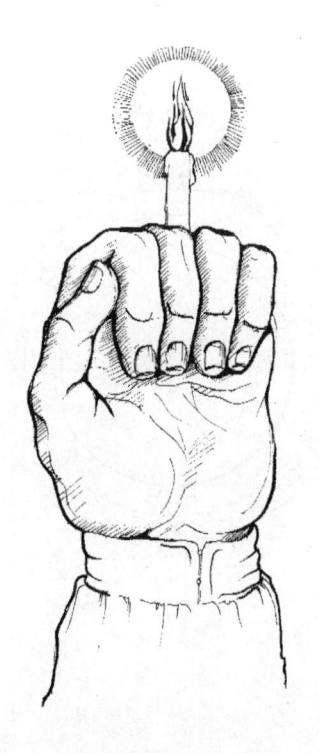

Mão da Glória.
Para atrair riquezas e poder.

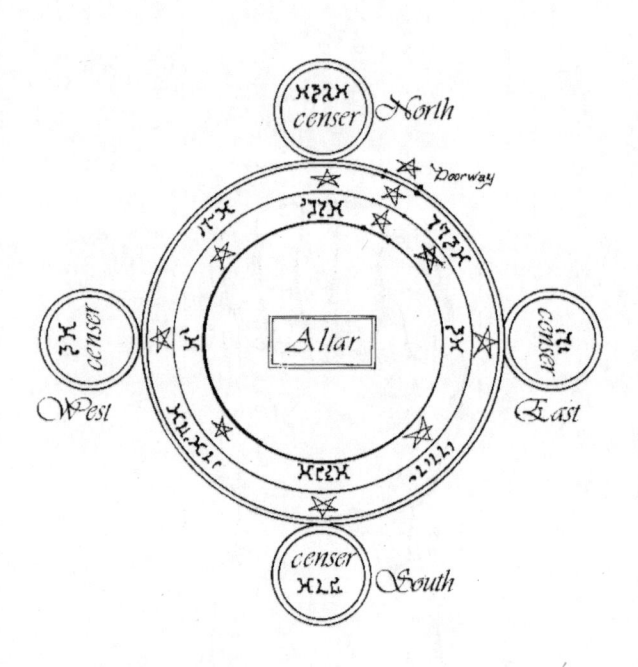

Círculo da Magia Negra.

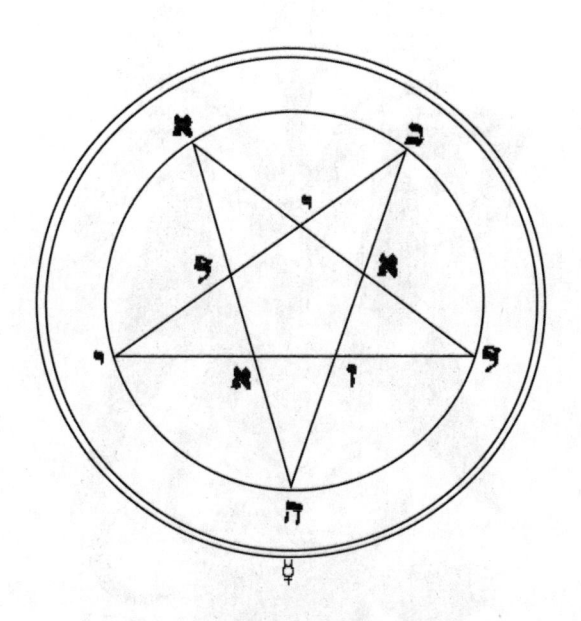

*Pentagrama da Magia Negra.
Representa a dominação do espírito sobre os elementos.*

"Bafomé" — *O bode do Sabá.*

Talismã da fortuna e do amor.

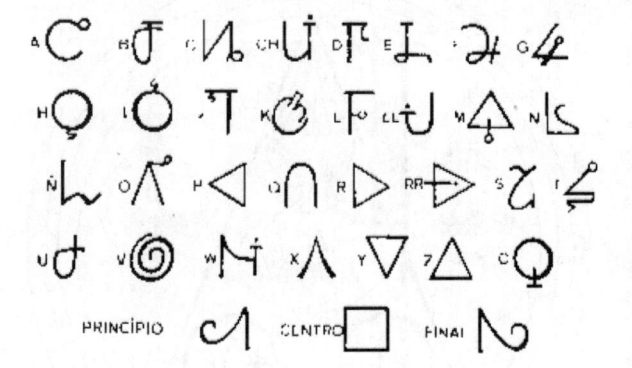

Alfabeto Mágico usado por Paracelso. Usado para atrair riquezas.

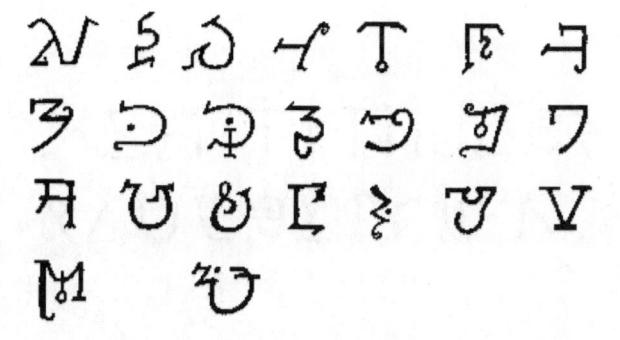

Alfabeto Árabe. Usado por Caliostro.

Alfabeto Celeste. Talismã protetor.

Talismã da Lua. Para evitar distúrbios e desequilíbrios.

ORAÇÕES

195

Antiga oração de São Cipriano

Cipriano, filho de Deus Todo-Poderoso, Deus Uno e Trino, Criador do Universo, com o coração contrito, pesaroso por não tê-lo servido durante toda a sua existência, pesaroso pelos pecados que cometeu, dirige sua prece ao Senhor, agradecendo ao Criador a graça de ter se convertido.

Meu Senhor e meu Deus, do fundo do meu coração agradeço-vos os favores com que me tendes beneficiado. Senhor Deus Sabahot, auxiliai-me, infundi-me a vossa graça, dai-me a necessária resistência ao mal, concedendo-me a graça de desligar o que havia ligado, de ligar o que havia desligado, invocando o vosso Santíssimo Nome. Glória a Deus nas alturas por todos os séculos e séculos. Em nome do Pai, do Filho, do Espírito Santo.

Assim Seja.

Senhor Jesus Cristo, vós que viveis e reinais por todos os séculos em unidade com o Espírito Santo de Deus. Sou o vosso servo

Cipriano e proclamo a vossa Glória, dizendo: Deus Eterno, Onipotente, que estais no alto dos céus, consubstancial com o Pai, louvado sejais no céu e na terra.

Senhor Deus, vós sabeis que outrora eu me achava sob o poder do Príncipe das Trevas. Eu ignorava os ventos, as nuvens, as águas do mar e dos rios, ligava as mulheres, ligava os homens. Com os meus malefícios eu esterilizava os campos, anulava as bruxarias de outros feiticeiros, impunha a maldição sobre a semente do homem e o ventre da mulher.

Muitos agradecimentos vos dou, meu Deus, por haveres revelado o vosso Santíssimo Nome, que neste momento, humildemente, invoco para que sejam desfeitas, desligadas todas as magias erradas que foram feitas por mim ou em meu nome, e tudo que fora lançado no corpo desta pessoa (dizer o nome da pessoa). Invoco-vos, Deus poderoso, para que sejam desfeitos todos os ligamentos que não forem naturais de homens e mulheres (fazer o sinal da cruz) Desligai os mares, para que os navegantes façam boa viagem e os pescadores boas pescarias. Desligai os rios, os ribeiros, as águas, as nuvens para que caiam as águas do céu fertilizadoras das sementes. Desligai os pensamentos, os sentimentos, as almas e os corações de todas as criaturas, para que possam agir no sentido do bem e da caridade. Desligai Senhor, tudo que estiver ligado no corpo desta criatura.

Em vosso Nome, eu o liberto, rasgo, corto, desalfineto, lavo, limpo e liberto de todo e qualquer bruxedo (dizer o nome da pessoa), afastando, atemorizando qualquer preposto do demônio, que tenha agente mandatário ou mandante, por suas artes infernais.

Glória vos sejam dadas, no céu e na terra, por todos os séculos, dos séculos e paz aos homens de boa vontade. Assim Seja.

Senhor, Deus Onipotente, Criador do céu e da terra. Pelo vosso poder, Israel foi alimentada no deserto pelo maná que caía do céu. Moisés fez jorrar água de um rochedo. Pela vossa misericórdia, pelo vosso poder, livrai este vosso filho (dizer o nome da pessoa) de todos os ligamentos, feitiçarias e bruxedos, das hordas de Satanás e dos seus demônios.

Que esta oração seja um escudo para quem a trouxer consigo, um escudo contra todos os males. O seu corpo esteja fechado às obras do diabo e das legiões infernais. Assim Seja.

Este vosso servo (dizer o nome da pessoa) estará livre de tristezas, doenças, encantamentos, furtos, bruxedos, artes e artimanhas do maligno. Do Oriente, do Ocidente, do Norte e do Sul, de dia e de noite, em casa, na rua, em toda parte onde estiver, não virá molestá-lo nem que seja feito, ou enviado pelos potênciais infernais. Assim Seja.

Senhor Jesus Cristo, Luz, Deus Vivo, concebido no Sagrado ventre de Maria Virgem, por obra e graça do Espírito Santo. Em seu nome e pelo seu poder, este servo de Deus (dizer o nome da pessoa) não será atormentado pelos anjos maus, pelos espíritos perturbadores e maléficos. Vosso servo (dizer o nome da pessoa) estará protegido em sua casa, naquilo que possuir de modo que o diabo não terá poder ou influência alguma sobre ele.

Santa Maria Mãe de Deus, Virgem Santíssima. Rainha dos Anjos cobrirá este servo (dizer o nome da pessoa) com o seu manto puro, protegendo-o contra as insídias dos apaniguados do diabo. Pelo poder e graça da Virgem Maria, nada acontecerá ao servo (dizer o nome da pessoa) nem da parte dos homens, feiticeiros e bruxas, da parte dos demônios do inferno.

São Bartolomeu e Santa Bárbara, São Jerônimo, Santa Inês, Santa Gertrudes, São Cristovão, São Jorge, São Simeão, Santo Antão que estais a gozar da felicidade eterna na corte celestial, com o coro dos Serafins e Querubins dos Anjos, dos arcanjos, dos Tronos e Potestade, com o Seráfico São João Batista, São João Evangelista, os Onze Apóstolos, as onze mil virgens, são os poderes vigilantes contra as obras do demônio.

Pela palavra dos profetas Isaías, Jeremias, Oséas, Hababuc, Davi, Salomão; pelos sofrimentos de Jó, pelas orações de Jonas, engolido pela baleia, pelos sofrimentos de todos os vossos patriarcas e mártires, Senhor Deus Sabaot, guardai o vosso servo (dizer o nome da pessoa) dos ataques do demônio. Pela vossa graça, poder e misericórdia fique desligado, solto e livre, desalfinetado, leve, puro, ficará vosso servo (dizer o nome da pessoa). Ficarão desfeitas todas as feitiçarias, em qualquer parte do corpo, cabeça, face, olhos, ouvidos, boca, peito, braços, mãos, ventre, pernas, pés, cabelos, unhas, em qualquer roupa que lhe pertencerem, pela proteção de Gabriel, Miguel, Rafael e Fanael, espíritos que assistiam diante do trono do Senhor dos Exércitos, Deus Sabaot.

Desligados serão todos os malefícios que contra este servo (dizer o nome da pessoa) tenham sido feitos em madeira, pedra, lã, qualquer outra matéria, em objetos, livros, perfumes, camisas, em qualquer outra coisa, em criaturas mortas, em sepulturas, em ossos, cinzas, ervas, vinhos, qualquer bebida com álcool ou sem álcool. Sejam esses malefícios feitos em casa, na rua, em igrejas, cemitérios, lugares desertos, a qualquer hora do dia ou da noite, em qualquer dia da semana, em qualquer mês do ano, em qualquer fase da lua ou sob os raios de qualquer astro.

Tudo isto, agora e para sempre, pelo poder e em nome de Deus Criador Todo-Poderoso, de Nosso Senhor Jesus Cristo, de Maria Santíssima Virgem Mãe de Deus, dos Anjos e dos Justos da Corte Celestial, fica e ficará desfeito, desligado, desalfinetado, moído, separado e anulado. Assim Seja.

Em nome do Pai, do Filho, do Espírito Santo, louvores a Deus por todos os séculos. Assim Seja.

Orações para Horas Abertas

Sinal da Cruz
(para ser dita ao meio-dia)

Ó Virgem dos Céus Sagrados,
Mãe do Nosso Redentor
Que, entre as mulheres, tens palma,
Dá alegria à minha alma
E vem pôr nos meus lábios
Palavras de puro amor.
Em nome do Deus dos mundos,
E também do Filho Amado.
Onde existe o sumo bem.
Seja para sempre louvado.
Nesta hora bendita. Amém.

Para as Trindades

A Santíssima Trindade
Me acompanhe toda vida.
Sempre ela me dê guarida.
De mim tenha piedade.
O Pai eterno me ajude.
O filho a bênção me lance
O Espírito Santo me alcance
Proteção, honra e virtude.
Nunca a soberba me inveje
Em vez do mal faça o bem.
A Santíssima Trindade,
Me acompanhe sempre. Amém.

Para a meia-noite

Ó Anjo da minha guarda,
Nesta hora de terror,
Me livre das más visões.
Do diabo aterrador.
Deus me ponha a alma em guarda.
Dos perigos da tentação,
De mim aparte os maus sonhos.
E opressões do coração.
Ó Anjo da minha guarda,
Que me preserve dos perigos,
Por mim pede à Virgem Mãe,
Enquanto for vivo. Amém.

Oração para fechar o corpo
(contra todos os males)

Obs.: Antes de iniciar a oração, quem for rezá-la deverá fazer em tom baixo, em primeiro lugar um Credo. Depois segure em sua mão direita uma chave, se for em caso de doença, faça uma cruz na testa da pessoa (ou em sua própria testa, se estiver clamando por você) para quem você vai rezar, outra cruz na boca, e por último uma cruz no peito, as cruzes deverão ser feitas com a chave.

Senhor Deus, Pai Misericordioso, Onipotente e Justo, que enviastes ao mundo o Vosso Filho Nosso Senhor Jesus Cristo para salvação nossa, atendei a nossa oração, dignando-vos ordenar ao espírito mau ou aos espíritos, que atormentam este vosso servo (dizer o nome da pessoa), que se afastem daqui, saiam do seu corpo.

Entregastes a São Pedro as chaves dos segredos dos céus e da terra dizendo-lhe: "O que ligardes na terra será ligado nos céus, o que

desligardes na terra será desligado nos céus."
(O oficiante com a chave na mão direita faz um sinal no peito da pessoa — ou em sua própria — como se estivesse fechando uma porta).

Em vosso nome, Príncipe dos Apóstolos, Bem-aventurado São Pedro, o corpo de (dizer o nome da pessoa).

São Pedro fecha a porta desta alma para que nele não penetrem os demônios. São Pedro fecha a porta desta alma, para que nela não entrem os espíritos das trevas.

Os poderes infernais não prevalecerão sobre a lei de Deus, São Pedro fechou, está fechado. De agora em diante, o demônio não poderá mais penetrar neste corpo, templo do Espírito Santo. Amém.

Fazer o sinal da cruz.
Vá de retro satanás.
Rezar um Credo, um Pai-nosso,
um Salve-rainha.

Obs.: Estas orações deverão ser feitas com uma vela acesa. Depois da oração escrever em um papel os seguintes nomes dos demônios: Satanás, Belzebu, Baal, Belfegor, Astarot, e Set demônio do Egito, em seguida, queime o papel na vela, queimando assim as forças malignas que estavam instaladas em sua vida.

Obs.: Esta oração deve ser feita para vários tipos de casos, e nos casos específicos de distúrbios ou perturbações mentais, doença dos nervos, em casos de bebida, jogo e para as pessoas que estiverem sendo obsidiadas.

Oração pela Sagrada Coroa de Espinhos

Sinal da cruz.

Salve a Sagrada Coroa de Espinhos, que cingiu a tua cabeça, Bom Jesus, cujos espinhos feriram a tua augusta Fronte, de onde escorreu o sangue que lavou os pecados do mundo.

Sagrada Coroa, diadema de espinhos, símbolo de realeza do Cristo Salvador, Rei do Universo, humildemente vos contemplo, pensando no infinito poder de Deus, que vos transformou em símbolo da sua Majestade Augusta e Eterna.

Diante de vós, prostra-se os arcanjos e os anjos em adoração perpétua. Diante de vós, ajoelham-se os patriarcas, os profetas, os apóstolos, os mártires, as onze mil virgens, todos os bem-aventurados e as almas dos fiéis que alcançaram a salvação.

Eu venero a tua Sagrada Coroa de espinhos e a vós recorro, ó meu Jesus, animado da esperança de tornar-me digno das tuas promessas por todos os séculos dos séculos.

Assim Seja!

Oração contra espíritos obsessores (e para os inimigos)

Sinal da cruz.

Senhor meu Deus, Pai Eterno e Onipotente, graças vos sejam dadas. Contrito dos meus pecados, rogo o vosso auxílio e peço-vos que me livres dos ataques dos maus espíritos, das perseguições dos meus inimigos, sejam eles visíveis ou invisíveis.

Assim como o rei Davi, eu clamo: "Julgai-me, Senhor, e separai minha causa daquela da gente infiel".

Sois meu Pai e meu defensor, concedei-me a graça de receber vossa luz e de merecer vossa proteção.

Pelo sagrado sangue de Nosso Senhor Jesus Cristo.

Assim Seja!

Oração
Contra Maus Espíritos

Sinal da cruz.

Nosso Senhor Jesus Cristo, Filho de Deus vivo, ouvi minha oração. O Puríssimo Espírito de Jesus foi, é e será o vencedor de todos os seus inimigos e de todos os adversários dos que amam e creem em Jesus Cristo.
Jesus Cristo reina. Jesus Cristo Impera. Jesus Cristo Governa por todos os séculos dos séculos.

Assim Seja!

Oração para quebrar dificuldades (embaraços em negócios)

Sinal da cruz.

Glória a Deus nas alturas e paz na terra aos homens de boa vontade.

Louvo São Judas Tadeu, São Benedito, Santo Antão, São Policarpo.

Louvo Santo Expedito pelo bom êxito dos meus negócios, pela minha tranquilidade, pela minha paz.

Graça vos sejam dadas, meu Bom Jesus Cristo, pela vossa Santa Misericordiosa proteção.

Louvado seja Deus, criador do céu e da terra, Eterno Pai de todas as criaturas.

Louvado seja Nosso Senhor Jesus Cristo, pela sua Santa Misericórdia.

Louvado seja o Divino Espírito Santo, pela sua sabedoria.

Louvado seja para todo sempre a Santíssima Trindade.

Meu Deus, embora eu seja um pecador, com toda humildade vos peço a graça de me amparardes em meus trabalhos, em minha profissão, em meus negócios.

Senhor Jesus Cristo, vós dissestes: "Pedi e recebereis". Com firme confiança em vossa justiça e misericórdia, rogo o vosso amparo, afastando as dificuldades, os obstáculos, os impedimentos de meu caminho.

Concedei-me, Senhor, a felicidade de colher o fruto dos meus esforços. Dai-me Senhor, a ventura de poder sustentar-me com o meu trabalho e assim dar exemplo de fidelidade aos vossos mandamentos, aos meus filhos, aos meus amigos, aos meus conhecidos.

Creio em vós, Senhor, e sei que não serei desamparado.

Assim Seja!

Sinal da cruz.

Pai Eterno, Senhor misericordioso e justo. Pela encarnação, nascimento, vida, paixão e morte, ressurreição e ascensão de Nosso Senhor Jesus Cristo. Por todos esses santíssimos mistérios, nos quais eu creio firmemente, rogo à Santíssima Trindade, por intermédio da Puríssima Virgem Maria, nossa Mãe e Advogada, livre-me e cure-me a mim (ou a uma outra pessoa, dizer o nome da pessoa) da doença (dizer o nome da doença).

São Sebastião, São Roque, São Lázaro, Santa Luzia, todos os santos protetores contra os males físicos, eu vos suplico proteção.

Curai-me, Senhor Jesus, livrai-me, Cristo, desta doença.

Adoremos, louvemos, sejamos sempre obedientes a Nosso Senhor Jesus Cristo, que por nós padeceu e morreu na cruz.

Jesus! Jesus! Jesus!

Assim Seja!

Oração pelas almas
(do purgatório)

Sinal da cruz.

Do abismo profundo em que me achava clamei a vós, Senhor. Senhor ouvi minha voz.

Sejam vossos ouvidos atentos às minhas súplicas.

Senhor, se derdes atenção às nossas iniquidades, quem poderá permanecer em vossa presença?

Mas vós sois misericordiosos, esperarei em vós, Senhor, confiando em vossa lei.

A minha alma esperou no Senhor, a minha alma teve confiança na sua Palavra.

Assim todo Israel tenha esperança no Senhor, desde a aurora até a noite.

Pois o Senhor é misericordioso e nele encontraremos redenção eterna.

Ele há de perdoar a Israel de toda a sua iniquidade.

Oração a São Vicente
(contra vícios e jogos)

Sinal da cruz.

Senhor Deus Onipotente e Misericordioso, louvores vos sejam dados por todos os séculos dos séculos. Assim Seja.

Senhor meu, rogo-vos, com inteira fé em vossa infinita misericórdia, sede propício à intercessão do Bem-aventurado São Vicente Mártir, em favor do vosso filho (dizer o nome da pessoa).

Bem-aventurado São Vicente Mártir, que pelos méritos do Santíssimo Sangue de Nosso Senhor Jesus Cristo, obtivestes o privilégio de afastar do mau caminho aqueles que se entregam aos vícios. Peço-vos lançar o vosso bondoso olhar sobre (dizer o nome da pessoa), compadecendo-vos dos meus sofrimentos físicos e morais.

Suplico-vos, glorioso São Vicente Mártir, intercedei junto ao Altíssimo para que (dizer o nome da pessoa) abandone o seu vício, aborreça-o e nunca mais se entregue a esse mal, que mata o corpo e a alma.

Assim Seja!

Rezar um Credo, um Pai-nosso, três Ave-Marias.

Oração contra feridas
(benignas e malignas)

Sinal da cruz.

Serás benzida, chaga ruim, serás fechada e curada pela virtude e pelo poder de Deus, assim como se fecharam as chagas de Nosso Senhor Jesus Cristo, nos braços de Nossa Senhora, sua Santa Mãe.

Assim Seja!

Instruções

Enquanto se reza, fazem-se cruzes sobre a ferida com um crucifixo, sem encostar o crucifixo na ferida. Em seguida, reze um Creio em Deus Pai-nosso e uma Ave Maria. Para maior efeito, esta oração deve ser dita pelo menos três vezes por dia, de manhã, ao meio-dia e à noite.

Oração contra hemorragias

Sinal da cruz.

Deus Criador, prostro-me humilde em vossa presença. Vosso filho pecador (dizer o nome da pessoa) está sofrendo de hemorragia. Vós que sois Onipotente, pelo vosso infinito poder, pelo vosso Santíssimo Nome, operai em mim o milagre que operastes na mulher que sofria de um fluxo de sangue e que, cheia de fé, tocou em vosso manto. Como aquela mulher publicana, eu também creio em vós, Senhor, creio e declaro minha fé, perante todo o mundo.

Dizei a mim também, Senhor, aqueles mesmas palavras que dissestes à mulher publicana, aquelas mesmas palavras que dissestes à mulher publicana: "Tem confiança, tua fé te salvou." Eu serei curado do que estou sofrendo.

Assim Seja!

Oração para preservar rebanhos de animais

Sinal da Cruz

Senhor, assim prometestes ao profeta Ezequiel: "Eu mesmo buscarei minhas ovelhas e as visitarei. Como o pastor visita seu rebanho, no dia em que está com suas ovelhas soltas, assim eu visitarei minhas ovelhas e as livrarei de todos os lugares, onde se espalharam nuvens e trevas. Hei de conduzi-las aos bons pastos. Hei de buscar a perdida, trarei a desgarrada, ligarei a fraturada, curarei a enferma e guardarei a gorda e forte".

Meu Senhor Jesus Cristo, enviai Vossos Anjos para que velem pelo meu gado, pelos meus rebanhos, contra as insígnias do maldito, que usa de todos os ardis para levar os vossos servos a blasfemarem e a descrerem em vossa santa providência.

Pelo vosso Santo Sangue, derramado na Cruz, perdoai-me os pecados. A vossa Bondade acolherá a minha prece.

Assim Seja!

Oração contra a seca (para chover)

Sinal da Cruz

Senhor Deus Misericordioso, jamais desamparais o vosso povo. No deserto, concedeis-lhe o maná caído do céu e mostrais o vosso infinito poder, fazendo com que Moisés abrisse em um rochedo uma fonte de água.

Nós clamamos, Senhor, e vos suplicamos o perdão das nossas faltas. "Perdoai, Senhor, perdoai o vosso povo", assim vos rogou o Rei Davi.

Protegei-nos, Senhor Deus, e poupai-nos. Vós que sois o Eterno Senhor do céu e da terra, consenti em favorecer-nos com a cessação desta estiagem. Tudo criastes com o vosso poder, tudo mantendes com a vossa providência: água, terras, árvores, flores e todas as criaturas viventes. Nós vos rogamos com o perdão dos nossos pecados, a graça da chuva fertilizante.

Louvado seja Deus, para todo o sempre.
Para ajudar-nos, apressai-vos, Senhor.
Assim Seja!

Oração contra quebranto (mau-olhado)

Sinal da cruz.

Deus, atendei ao meu pedido, vinde em meu socorro. Vinde ajudar-me. Confundidos, sejam envergonhados os que buscam a minha alma (fazer o sinal da cruz).

Voltem atrás e sejam envergonhados os que me desejam o mal. Voltem logo cheios de confusão os que me dizem: "Bem, bem" (fazer o sinal da cruz).

Regozijem-se e alegrem-se em vós os que vos buscam, e os que amam vossa salvação, digam sempre: "Engrandecido seja o Senhor" (fazer o sinal da cruz).

Vós sois o meu favorecedor e o meu libertador, Senhor Deus não vos demoreis.

Glória ao Pai, ao Filho e ao Divino Espírito Santo.

Oremos

Gloriosos São Sebastião e São Jorge, São Lázaro e São Roque, São Benedito, São Cosme e São Damião. Todos vós, bem-aventurados santos do céu, que curais e aliviais os enfermos, intercedeis junto ao Senhor Deus pelo seu servo (dizer o nome da pessoa).

Vinde, gloriosos santos, em seu auxílio. Fechem-se os olhos malignos, emudeçam as bocas maldosas, fujam os maus pensamentos e desejos.

Por esta Cruz será fulano (dizer o nome da pessoa) defendido.

Por esta Cruz será fulano defendido.

Por esta Cruz estará fulano livre.

(fazer três cruzes com o crucifixo).

Louvado seja Nosso Senhor Jesus Cristo.

Para sempre seja louvado.

Obs.: Rezar em seguida um Pai-nosso, e três Ave-Marias.

Oração ao glorioso São Marcos

Sinal da cruz.

São Marcos me marque, São Manso me amanse; Jesus Cristo me abrande o coração e me aparte o sangue mau; a hóstia consagrada entre em mim; se os meus inimigos tiverem mau coração, não tenham cólera contra mim; assim como São Marcos e São Manso foram ao monte e tinham nele touros bravos e mansos cordeiros, e os fizeram presos e pacíficos nas moradias de suas casas, assim como as palavras de São Marcos e São Manso são certas, diz: 'filho, pede o que quiseres que serás servido na casa que eu pousar, se tiver cão de fila retire-se do caminho, que coisa nenhuma se mova contra mim, nem vivos nem mortos, e batendo na porta com a mão esquerda, desejo que imediatamente se me abra.

Jesus Cristo, Senhor Nosso, da Cruz descera, assim como Pilatos, Herodes, Caifás, foram algozes de Cristo, e ele consentia todas essas tiranias, no Horto, virou-se e viu-se cercados de inimigos, disse sursum corda, caíram todos no chão até acabar a sua santa oração; assim como as palavras de Jesus Cristo, de São Marcos e de São Manso abrandaram os corações de todos os homens de mau espírito, os animais ferozes, e de tudo que comigo quiser opor-se, tanto vivo como morto, na alma como no corpo e dos maus espíritos, tantos visíveis como invisíveis, não serei perseguido pela justiça, nem dos meus inimigos que me quiserem causar dano, tanto no corpo como n'alma. Viverei sempre sossegado na minha casa, pelos caminhos e lugares por onde transitar vivente de qualidade alguma me possa estorvar, antes todos me prestem o auxílio que eu necessitar. Acompanhado da presente oração santíssima, farei amizade justamente com todo o mundo e todos me quererão bem, de ninguém serei aborrecido.

Assim Seja!

Obs.: Rezar todos os dias juntamente com esta oração três Pai-nosso e três Ave-Marias à sagrada morte e paixão de Nosso Senhor Jesus Cristo.

Oração a São Silvestre
(contra os inimigos)

Sinal da cruz.

Ó São Silvestre, grande lutador na defesa da fé cristã, que desbaratastes os infiéis, vencestes batalhas contra os mouros, ferindo e abrandando os seus corações e domastes serpentes venenosas, sede meu protetor. Guardai-me, poderoso São Silvestre, contra todos os perigos e defendei-me das insídias dos meus inimigos, os quais pelo vosso poder, virão pedir-me perdão.

Assim Seja!

Oração de São Lázaro

Sinal da cruz.

Com a permissão de Deus, nosso Pai Onipotente, livrar-te-ei de todas as chagas do corpo e da alma, pois Lázaro sou, filho de Deus vivo. Tive o meu corpo em chagas, como chagas também teve nosso Senhor Jesus Cristo, e todas foram fechadas. Assim também seja fechado o teu corpo a todos os males que possa aparecer. Sempre ao lado de Cristo, sou Lázaro, o curador pelo dom do Divino Espírito Santo.

Assim Seja.

Salve São Lázaro em nome da Sacra Família, Jesus, Maria e José.
Lázaro Santo, rogai por nós.
Jesus, Maria e José, ajudai-nos.
Santíssima Trindade que sois um só Deus, tendes piedade de nós.

Assim Seja!

Oração a São Miguel Arcanjo
(para saúde)

Sinal da cruz.

Glorioso São Miguel, Príncipe da Milícia Celeste, Protetor da Igreja Universal, defendei-nos contra os muitos inimigos que nos cercam. Não permitais que eles nos induzam a ofender a Deus, protegei-nos contra as ciladas e as armadilhas que eles semeiam sobre nossos passos, combatei-os, afugentai-os se vierem a nos fazer mal, quer ao nosso corpo, quer a nossa alma mediante as más paixões que eles procuram despertar em nós, quer aos nossos patrimônios que eles se esforçam por desfraudar.

Triunfai sobre sua malícia e assisti-nos na luta e no combate da vida, e sobretudo no momento da morte.

Assim Seja!

Oração de Daniel a Deus (agradecimento)

Sinal da cruz.

A ti, Senhor, pertence a justiça. Ó Deus, lembrastes de mim. Não desamparas aos que te amam. Louvado seja o Senhor por todos os séculos em sua Glória, Poder, Majestade e Misericórdia. Para sempre sela louvado.

Assim Seja!

Obs.: Rezar um Pai-nosso.

Oração a Santo Onofre

Sinal da cruz.

Meu Glorioso Santo Onofre, que pela Divina Providência fostes santificado e hoje estais no círculo da Soberania dos céus, confessor das verdades, consolador dos aflitos; vós às portas de Roma, viestes encontrar o meu Senhor Jesus Cristo e a graça lhe pedistes, para que não pecásseis, assim como lhe pedistes três, vos peço quatro. Meu glorioso Santo Onofre, peço-vos que me façais esta esmola, para eu bem passar, vós que fostes pai dos solteiros, sede também meu pai, vós que fostes pai dos casados, sede também meu pai. Meu Glorioso Santo Onofre, por meu Senhor Jesus Cristo, por sua Mãe Santíssima, pelas Cinco Chagas de Jesus Cristo, pelas Sete Dores de Nossa Mãe Santíssima, Mãe do Céu; pelas almas Santas Benditas, por todos os anjos e Santos da Corte do Céu e da terra, vos peço que me concedais a graça que vou implorar (fazer o pedido).

Meu glorioso Santo Onofre, pela sagrada paixão e morte de Nosso Senhor Jesus Cristo, pela Santa Cruz em que morreu, pelo sangue que derramou, por Santo Antônio, por São Francisco de Assis, vos peço que impetreis essa graça de que tanto necessito e espero que serei servido no espaço de quarenta dias; ouvindo o que vós dissestes com a vossa sagrada boca.

Assim Seja!

Obs.: Quem carregar esta oração, não passará fome, sede, desgostos e angústia. Fazendo-a com fé, jamais lhe faltará dinheiro. Esta oração, para se tornar um talismã vivo, deverá ser rezada por nove dias consecutivos, acompanhada de nove Pai-nosso, nove Ave-Marias e nove Glória ao Pai.

Quem for muito devotado
A Santo Onofre, e que esteja
Deveras necessitado,
Consegue ver realizado,
Se rezar com fé, verá tudo realizado.

Oração para enxotar o demônio

Sinal da cruz.

"Imortal, eterno, inefável e santo Pai de todas as coisas, que carro rodante caminha sem cessar por esses mundos que giram sempre na imensidão do espaço; dominador dos vastos e imensos campos do éter, onde ergueste o teu poderoso trono, que despende luz e luz, e de cima da qual os teus tremendos olhos descobrem tudo, e os teus largos ouvidos tudo ouvem! Protege os filhos que amaste, desde o nascimento dos séculos, porque longa e eterna é a duração. Tua majestade resplandece acima do mundo e do céu de estrelas, Tu te elevas acima delas, ó fogo cintilante, e te alumias e conservas a ti mesmo pelo teu próprio resplendor, saindo de tua essência, correntes inesgotáveis de luz, que alimentam teu Espírito Infinito! Este espírito infinito produz as coisas, e constitui esse tesouro imorredouro, de matéria, que não pode faltar à geração de cada coisa e com a qual é revestida e cheia, desde o começo ela rodeia pelas mil formas de que se acha acordada. Deste espírito tiram também sua origem esses santíssimos reis que se acham de pé ao redor do teu trono, e que compõem a tua corte, ó Pai Universal! O único Pai dos bem-aventurados mortais e imortais! Tu tens em particular poderes que são maravilhosamente iguais ao teu eterno pensamento e à tua adorável essência, tu os estabelecestes superiores aos anjos, que anunciam ao mundo as tuas vontades. Finalmente, tu criaste mais uma terceira ordem de soberanos, nos elementos.

"A nossa prática de todos os dias é louvar-te e adorar as tuas vontades. Ardemos em desejos de possuir-te. Ó Pai! Ó Mãe!. Ó forma de todas as formas! Alma, espírito, harmonia, nomes e números de todas as coisas, conserva-nos, e sê-nos propício. Amém."

Oração a São Cipriano

Sinal da cruz.

São palavras de Deus: "O Senhor conhece o caminho dos justos; o caminho dos pecadores perecerá". Vós, São Cipriano, conheceis os caminhos dos que obram maldades.

Sois justo, sábio, prudente e caridoso. Arrependido dos meus pecados ajoelho-me aos vossos pés. Errei, pequei, cego andei pelos caminhos do erro. Sois justo, sábio, prudente e caridoso. Confio intercessão junto à misericórdia divina para o perdão de minhas faltas.

Preservai-me, São Cipriano, das tentações e insídias do espírito das trevas, dos ataques dos demônios e seus servidores.

Limpai a minha mente de maus pensamentos, purificai o meu coração dos maus sentimentos, a minha boca das más palavras. Afugentai de mim os obsessores, os espíritos malignos enviados por Satanás.

Gloriosos Mártir, São Cipriano, afastai de mim, da minha casa, da minha família, os espíritos a serviço das criaturas perversas, aliadas do demônio, anulando as obras ruins de feitiçaria ou bruxedos.

Assim Seja!

Sinal da cruz.

Cabra Preta milagrosa, que pelo monte subistes, trazei-me fulano (dizer o nome da pessoa, que se quer trazer de volta) que de minha mão sumiu.
Fulano (dizer o nome da pessoa), assim como canta o galo, zurra o burro, toca o sino e berra a cabra, assim tu hás de andar atrás de mim.
Cabra Preta milagrosa, assim como Caifaz, Satanás, Ferrabrás, fazei fulano (dizer o nome da pessoa) se dominar, para que eu o traga feito cordeiro, preso debaixo do meu pé esquerdo.

Fulano (dizer o nome da pessoa), dinheiro na tua e na minha mão não há de faltar; com sede nem tu nem eu havemos de acabar, de tiro e faca, nem tu nem eu, seremos sacrificados; nossos inimigos não nos hão de enxergar; na luta venceremos, com os poderes da Cabra Preta Milagrosa.

Fulano (dizer o nome da pessoa), com dois te vejo, com três eu te prendo; com Caifaz, Satanás e Ferrabrás, venceremos.

Obs.: Está oração, para ter maior poder, deverá ser feita com uma faca na mão direita e diante de uma vela acesa. Deverá ser feito este ritual durante sete dias consecutivos. Este ritual deverá ter início em uma sexta-feira, ao meio-dia ou à meia-noite em ponto.

Quiromancia, a Linguagem das Mãos: suas Cores e Sinais

Partes Inferior e Superior

Na figura A, mostramos que a mão divide-se em duas partes, por uma linha horizontal, logo abaixo da raiz dos dedos.

A parte superior (acima da linha horizontal) sendo comprida indica que o espírito domina a matéria. Mas se a parte inferior for mais comprida, indica que a matéria domina o espírito. Agora, o comprimento de ambas se equivalem, mostra perfeito equilíbrio, físico, mental e espiritual.

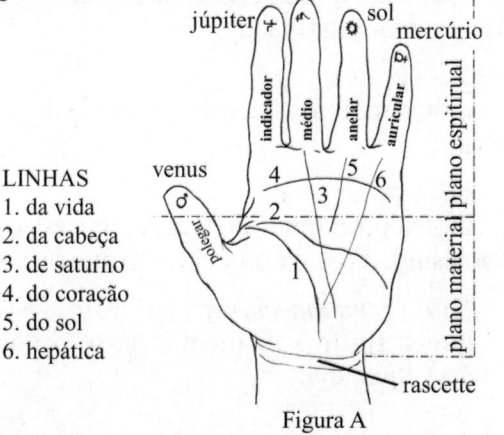

LINHAS
1. da vida
2. da cabeça
3. de saturno
4. do coração
5. do sol
6. hepática

Figura A

A Cor da Pele das Mãos

É muito importante a cor da pele do ser humano, pois através da cor podemos verificar o estado de saúde. As peles rosadas, ou levemente rosadas, suaves, com aparência de descansadas, indicam pessoas saudavéis.

A pele das mãos arroxeadas indicam problemas circulatórios e merecem cuidados médicos.

Mão vermelha:
mais para o vermelho escuro: constituição física robusta, indica brutalidade que se dá o nome de mão marciana.

Mão escura:
indica melancolia, dá-se o nome de mão saturnina.

Mão amarelada:
indica problemas de fígado, ansiedade e nervosismo, dá-se o nome de mão mercuriana.

Mão vermelho-clara:
indica furor, sofrimento, dá-se o nome de mão venusiana.

Mão em tom de marrom, bronzeada, indica: confiança, alegria, dá-se o nome de mão do Deus Apolo ou mão solar.

Mão clara, suave e fresca:
indica firmeza de carater, dá-se o nome de mão jupiteriana.

Mão desbotada, sem cor característica:
indica impassividade e egoísmo, dá-se o nome de mão lunática.

Mão azulada, ou roxeada:
indica problemas de circulação do sangue.

Mão esverdeada:
indica temperamento vingativo e rancoroso.

Mão Dura e Mão Mole

Mão dura:
gosto da ação física, espírito de economia.
Mão muito dura:
espírito pesado, inteligência curta, sovina.

Mão firme:
(sem ser dura e sem ser mole) firmeza, mãos precizas, mostra equilíbrio e energia.

Mão mole:
mostra indolência, pessoa materialista.

Mão mole gorda:
tendo os dedos lisos e em ponta polegar curto — indica forte egoismo.

Mão mole:
(com falanges e falanginhas compridas) — indica pessoa de carater perigoso.

Mão magra e ossuda:
indica muita sensibilidade, irritabilidade, nervosismo à flor da pele.

Mão irregular:
indica carater irregular, anormal.

A Dimensão dos Dedos

Os dedos podem ser médios, compridos ou curtos.

Dedos compridos:
indicam perfeito domínio sobre a matéria, inteligência acentuada, gosto apurado pelo luxo.

Dedo comprido e liso:
(sem nós) indica forte intuição, misticismo latente.

Dedo médio:
indica forte equilíbrio das energias físicas e mentais, inteligência segura.

Dedo curto:
Indica alma simples, modéstia, boa resistência física, domínio sobre o espírito.

Dedo curto e liso:
intuição moderada, equilíbrio sobre o físico e o espiritual.

As Unhas

Unhas quando mais comprida do que largas:
indica moleza, resignação, desatenta(o), orgulho exacerbado, mas com forte inclinação para o idealismo.

Unhas:
muito longa e estreita — fraqueza acentuada em todos os sentidos.

Unhas médias:
indicam pessoas que optam pela ordem e pela lógica.

Unhas curtas — ou seja, mais largas do que curtas:
indicam pessoas de boa compreensão, temperamento maleável e esperta de inteligência forte.

Unhas curtas — com o monte de marte acentuado:
tendência para assuntos militares.

Unhas duras:
indicam pessoa com tendência à robustez e de constituição forte.

Unhas moles — flexível:
indicam pessoas apaticas, de baixa resistência orgânica.

Unhas chatas:
indicam pessoas com excesso de nervosismo.

Unhas viradas nas extremidades:
indicam pessoa com predisposição a asma e com forte tendência a avareza.

Unhas ovaladas:
indicam predisposição a tuberculose, indicam também riqueza.

Unhas amendoadas:
propensão a diabetes.

Unhas encravadas na carne:
propensão a doenças dos nervos.

Unhas com fortes depressões e cavidades, com riscos e traços, ou mesmo com manchas: indica forte teor de ácido úrico.

A coloração das unhas mostram nosso estado de saúde.
As pessoas que têm as unhas rosadas, como a própria pele, são sadias.

Quando as unhas são avermelhadas, indicam excesso de sangue.

As unhas, quando mostram vários tipos de manchas ou mesmo com diferentes problemas indica má circulação do sangue.

Se o tom da unha for pálido, indica fraqueza orgânica.

Se manter tom azulado, indica problemas cardíacos.

Quando o tom for amarelado, indica problemas hepáticos.

Mas se no rosado da unha aparecer manchas amarelas, indício de problemas cerebrais.

Se o tom estiver acinzentado, com algumas manchas escuras, indica que a pessoa está com muito mercúrio no organismo.

Quando aparecer pontos pretos, existe perigo de intoxicação ou até envenenamento.

Mas se as manchas ou pontos forem brancos, indica má digestão e estafa física.

Quando a mancha branca cobrir toda a unha, mostra esgotamento físico acentuado e fraqueza orgânica.

O Formato dos Dedos

Dedos quadrados:
indicam que a pessoa é ordeira, e está sempre em simetria, totalmente voltado para as coisas certas, obediente às regras convencionais, disciplinado.

Dedos quadrados e lisos:
os que não têm os nós acentuados — gosto apurado pela arte e amante da ciência, são fatos marcantes na personalidade.

Dedos em pontas:
indicam forte tendência à espiritualidade, intuição aguçada.

Dedos com ponta fortemente acentuada:
imaginação fertil e extremamente exagerada, deverá cuidar para que a arrôgancia não deforme a personalidade.

Dedos em espatulado:
tendência para o materialismo e exibicionismo.

Dedos com a ponta virada para cima:
fraqueza de personalidade e de fraca opinião.

Dedos quando elásticos:
forte personalidade, facilidade para comunicar-se, totalmente extrovertido, geralmente simpático, mas têm forte tendência para extravagâncias.

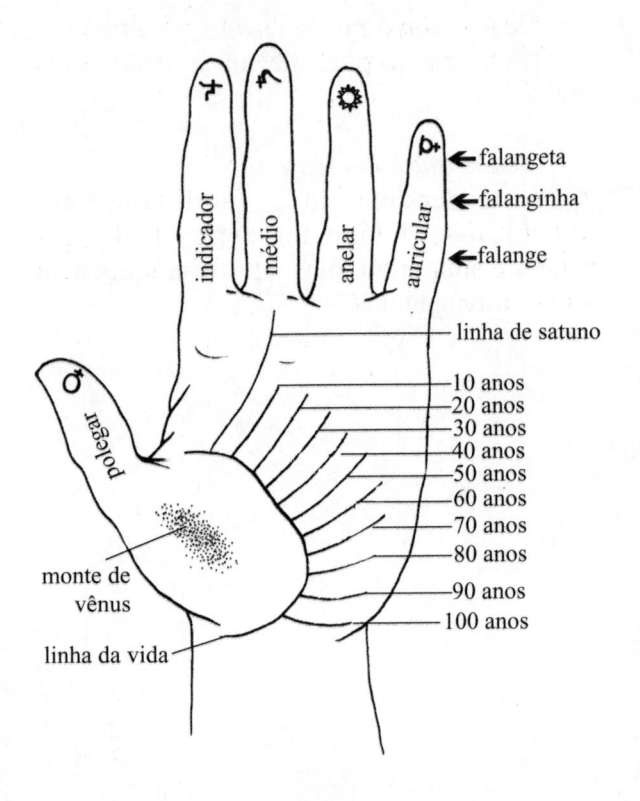

Figura B

As Características de Cada Dedo

Os cincos dedos da mão têm esta nomenclatura:

Mínimo — Mercúrio
Anelar — Apolo
Médio — Saturno
Indicador — Júpiter
Polegar — Ego (também tido como Vênus)

Cada dedo da mão é dividido em três partes:

Falange
Falanginha
Falangeta.

Falange:
representa o poder dos sentidos.

Falanginha:
representa a lógica.

Falangeta:
representa a vontade.
Falange forte e comprida:
total domínio da matéria sobre o espírito.

Falange forte, larga e comprida:
tendência para fortes paixões, deve cuidar para que as paixões não se tornem brutais, sensualidade à flor da pele.

Falange curta e fraca:
total domínio do espírito sobre a matéria.

Falaginha comprida:
Demonstra a pessoa que opta sempre pelo lado lógico, opta pela razão, e é uma pessoa bem sadia mentalmente.

Falangeta comprida e razoavelmente forte:
demonstra confiança em sí próprio, e forte inclinação ao aperfeiçoamento das coisas.

Falangeta quando muito comprida:
tendência a ser dominante de coisas e pessoas, geralmente opta pela vontade exagerada.

Quando a falange, falanginha ou falangeta tiverem anatomia regular, ou seja, quase iguais; demostra que a pessoa possui a natureza muito bem equilibrada e harmoniosa.

O Polegar

Comprido e forte:
indica muita energia, saúde e vigor.

Curto e fino:
indica egoismo, tendencia para prazeres materiais e tenacidade.

Curto, mas forte e largo:
tendência para a cólera e brutalidade.

Quando virado para dentro:
indica reserva, pessoa cautelosa.

Quando virado para fora:
indica pessoa de fácil adaptação e influenciada ao meio em que convive.

O Indicador

Comprido em excesso:
indica muita ambição e domínio.

Quando a extremidade é em ponta:
indica forte intuição.

Extremidade quadrada:
indica pessoas que optam sempre pela verdade.

Forma em espátula:
forte tendência mística.

Quando a falange é em tamanho médio — indica ambição moderada. Muito comprida — forte ambição, quando curta, desapego das coisas materiais. A falanginha comprida indica ambição equilibrada; muito comprida, forte ambição por bens materiais; curta, indica pessoa sem ambição. A falangeta quando comprida, indica, religiosidade e forte intuição; muito comprida, fanatismo; curta ausência de religiosidade e intuição.

Médio

Comprido e forte:
recebe influência de Saturno de forma bem acentuada. Quando em ponta, indica fraca influência de Saturno; extremamente quadrada, a influência de Saturno é leve e moderada; extremidade em espátula, a influência de Saturno é bem forte, gosto de assuntos relacionados com a morte. A falange comprida, inteligência moderada — muito comprida, indica avareza — curta, prodigalidade acentuada, se o dedo terminar em ponta. A falanginha comprida, inclinação para agricultura, jardins e interesse pelas

ciências ocultas — curta, falta de interesse pelos assuntos referentes à terra. A falangeta comprida, indica tristeza e forte tendência a surperstições; curta, diminuta influência maléfica de Saturno.

Anular

Quando comprido e forte:
forte inclinação e desejo em se destacar. De comprimento igual ao indicador, forte desejo de dominar — com a extremidade em ponta, muita receptividade — extremidade em espátula, forte inclinação para as artes em geral. A falange comprida, forte desejo de sobressair-se, de brilhar, de fazer sucesso; muito comprida, ambição pelas riquezas materiais; curta, modéstia, simplicidade e humildade nos assuntos artitíscos. A falangeta comprida indica forte inclinação ao bom gosto; curta, desapego aos bens materiais. A falanginha comprida, bom conhecedor das artes; muito comprida, forte dedicação às artes; curta, moderado gosto pelas artes.

Mínimo

Quando fino:
gosto pela ciência — curto e rústico, grosseiro, desamor aos assuntos científicos — com a extremidade em ponta, intuitivo, fineza e de raciocinio rápido — extremidade quadrada, mente em harmonia, inclinação aos assuntos e estudos abstratos — extremidade em espátula, amor à ciência, vivaz, inteligência aguaçada. A falange comprida, tendência à mentira — curta, pessoas de boa fé e ingenuidade acentuada. A falanginha quando comprida, indica que a pessoa se dará bem no comércio e na indústria — curta sem aptidão para o comércio. A falangeta comprida, pessoa estudiosa, principalmente na área das ciências; curta também indica forte inclinação para assuntos relacionados com a área científica.

Os Montes e sua Localização

As mãos têm vários tipos de sinais, e entre os sinais também situam-se os montes, que são elevações nas palmas das mãos e de grande significado. São sete os montes.

O monte de Vênus se aloja na base do dedo polegar.

O monte de Júpiter se aloja na base do indicador.

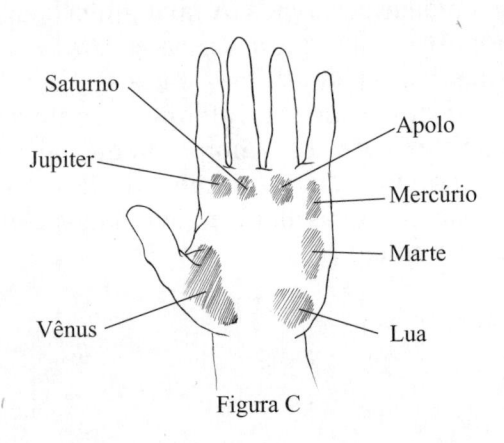

Figura C

O monte de Saturno se aloja na base do médio.

O monte de Apolo se aloja na base do anular.

O monte de Mercúrio se aloja na base do mínimo.

O monte de Marte se aloja no salto da mão, abaixo do monte de Mercúrio.

O monte da Lua se aloja no salto da mão, abaixo do monte de Marte.

A figura C demonstra as localizações dos montes esparramados pelas mãos.

As Influências de cada Monte

Monte de Vênus

Representa o amor e todos os prazeres dos sentidos.

Normal, podendo ser forte:
indica beleza, romântismo e poesia.

Muito forte:
forte tendência à vaidade, civismo, amores avassaladores.

Fraco:
indica egoismo, frieza e passividade.

Cheio e macio:
pessoa fina, abnegada, amorosa com as crianças.

Liso com ausência de sinais:
indica uma pessoa casta, frieza no amor, com pouca influência do planeta regente.

Monte de Júpiter
Representa o poder, a força, a sabedoria e a proteção.

Normal a forte:
inclinação à ambição nobre, gentil, cultuador da natureza, jovialidade.

Muito forte:
tendência em querer ser o alvo das atenções, orgulho e ambições exageradas.

Fraco:
indica egoismo, preguiça e indignidade.

Cavidade no lugar do monte:
indica melancolia, tristeza e moleza.

Liso:
proteção leve do planeta Júpiter.

Monte de Saturno
Representa a terra, a matéria em si.
Normal, podendo ser forte:
indica forte tendência à solidão, prudência e de mente concentrada.

Muito forte:
tendência a avareza, a solidão e remorso.

Fraco:
indica diminuta influência do planeta.

Cavidade no lugar do monte:
mostra várias infelicidades.

Liso:
indica uma vida calma, sem muitas novidades.

Monte de Apolo
Representa o sol, a luz a arte, a beleza, o domínio.

Normal:
apreciador do belo, pessoas nobres de coração, amantes da arte e da beleza plástica, forte tendência ao sucesso e a riqueza.

Fraco:
ausência de ideal, monotonia.

Cavidade no lugar do monte:
aversão pela glória, tendência a coisas obscuras.

Liso:
vida calma, tranquila, amor pelas artes em geral.

Monte de Mercúrio
Representa a ciência, o trabalho mental, a esperteza para o comércio.

Normal:
dotado de inteligência aguçada superior, bom empreendedor.

Fraco:
inapto para o comércio, indústria e sem motivação para as ciências, inclinação forte para ingenuidade.

Cavidade no lugar do monte:
dotado de esperteza perigosa, ligada a roubo.

Liso:
leve influência do planeta.

Monte de Marte
Representa a luta, o autodomínio, a coragem, a coléra.

Normal, até forte:
pessoa dotada de sangue frio, calma perante a grandes perigos, coragem e nobreza.

Muito forte:
inclinação a violência, brutalidade, podendo ser até intolerantes e agressivos.

Fraco:
inclinação à fraqueza e covardia.
Cavidade no lugar do monte:
crueldade e tirania.

Liso:
fraca influência do planeta.

Monte da Lua

Representa o capricho, a fantasia e a meditação, disciplina e concentração.

Normal até forte:
farta imaginação, forte inclínio para a meditação, poesia e sentimentalismo, pessoa harmoniosa.

Muito forte:
tendência a irritabilidade, fanatismo, a superstições e egoismo.

Fraco:
fraca imaginação e criatividade e sem muito brilho de sentimentos.

Liso:
fraca influência do planeta.

O que Indicam as Linhas das Mãos

As linhas das mãos são formadas pelas dobras naturais que se formam nas palmas das mãos, algumas acentuam com o crescimento do ser humano. Quando fechamos as mão através dos dedos, elas se evidenciam.

As principais linhas das mãos são as seguintes:

Linha da Vida
Linha do Coração
Linha da Cabeça
Linha de Saturno
Linha de Marte
Linha de Apolo

As linhas secundárias são: linha do destino, linha da felicidade, linha da saúde e linha da intuição.

Uma linha para ser perfeita deverá ser forte, clara e muito visível, mas sem exagero, pois cada uma mostra as características do ser humano. A predominância de cada linha demonstra as inclinações do ser humano.

Linha forte pouco larga:
demonstra firmeza em alguns aspectos, vigor.

Fraca e fina:
Sensibilidade aguçada delicadeza do ser.

Grossa e larga, às veses sem cor:
temperamento fleumático.

Muito comprida e forte:
linha que predomina sobre as outras.

Curta:
pouca duração.

Contínua sem incidentes:
são favorabilidades.

Cortada ou rompida:
obstáculos e perigos, acidentes.

Normal, mas bem delineada:
são favorabilidades.

Tortuosas:
indicam muitas dificuldades.

Sem cor:
indicam rancor, espírito vingativo.

Amarela:
temperamento despótico.

Características das linhas

Linha da Vida

Esta linha começa no lado externo da mão, na última dobra do dedo indicador e contorna o monte de Vênus (base do polegar) até quase o pulso. Para indicar convencional e mais ou menos os anos ela é dividida em períodos como mostra a figura B.

Linha da Vida comprida e forte, sendo colorida e contornando por completo a raiz do dedo polegar:

indica vida sadia, organismo forte e resistente, com chance de vida longa.

Curta:
indica que a pessoa poderá ter a vida de pouca duração (ver a divisão da mão figura B.)

Larga e de cor vermelho-escura:
indica violência e brutalidade.

Bem vermelha:
quando o vermelho é intenso desde o início, indica perversidade.

Profunda:
indica violência e maldade.

Fina:
tendência à saúde fraca, melancolia, pessoas desconfiadas.

Profunda e larga:
quando sem cor indica má saúde e perversidade.

Larga e amarelada:
indica crises de mau-humor.

Grossa no todo:
indica descontrole e agressividade.

Fraca e sem cor:
quando mal formada, indica sofrimentos e dificuldades.

Bem delineada, mas interrompida:
doenças por acidentes.

Desigual:
de humor mutável, atitudes sempre exageradas e mal refletidas.

Rompida e cortada:
perigo no período correspondente (ver os anos correspondentes na figura B).

Interrompida numa das mãos e fraca na outra:
enfermidade ou acidente grave.

Interrompida numa das mãos, mas forte e contínua na outra:
doença ou acidente grave, mas sem consequências para o futuro.

Cavidade seguida de pontos sobre a linha:
perigo.

Quando dobrada (dupla):
vida fácil, riqueza.

Com ramais:
energia forte e positiva, sucesso. (mas se ela se dirige para cima) e energia negativa e fracassos (quando se dirige para baixo).

Cortadas por transversais:
acontecimentos importantes e marcantes, que podem ser felizes ou não.

Em forma de correntes:
dificuldades em período correspondente conforme desenho figura b.

Formada em dois ramais sobre o monte de Júpiter:
indica ambição exagerada.

Fazendo junção com a linha da cabeça e do coração:
perigo de morte violenta.

Quando os ramais se alinham em cima do pulso:
indica pobreza, que pode ser material ou espiritual.

Quando os ramais se alinham por cima da linha da cabeça (formando uma junção no centro da linha da cabeça):
honras e glórias, riquezas inesperadas.

Ramal forte em direção ao monte da Lua:
problemas de saúde, gota, reumatimo e até mesmo problemas mais sérios com os rins.

Bifurcada no pulso:
mudança de posição e postura durante as evoluções da idade.

Virada para o monte de Vênus:
perigo de asfixia.

Interrompida subitamente:
perigo de morte repentina.

Terminando progressivamente e natural:
morte natural com calma.

Linha da Cabeça

Verificar sua localização na figura A, atrás. Indica tudo que se relaciona com a mente, logicamente o raciocíonio.

Forte e reta:
quando comprida, indica espírito lúcido, vontade firme, forte e sadia.

Muito comprida:
indica memória forte, mas existe forte tendência a avareza, egoismo.

Fraca e fina:
indica fraqueza da cabeça, fisicamente ou espiritualmente, falta força de vontade. Enfermidades e infecções hepáticas.

Larga e desbotada:
indica falta de inteligência.

Muito vermelha:
imaginação fértil e exagerada e violência.

Tortuosa e desigual tanto no traçado, quanto na cor:
espírito perverso.

Formada de pequenos riscos e pedaços:
falta de memória. Dores de cabeça profundas.

Forma de corrente:
problemas mentais, forte tendência ao suicídio e homicídio.

Curta:
saúde mental e espiritual, fracas.

Quebrada ou cortada:
perigo de acidente grave, causando problemas na cabeça.

Dobrada:
quando está dupla, sucesso pela inteligência.

Dupla de forma a constituir duas linhas com recursos diferentes:
perigo iminente.

Separada da linha da vida já no começo:
temeridade e forte tendência ao pedantismo.

Acompanhando a linha da vida, no começo em grande parte dela:
timidez e raciocínio lento.

Quando começa na linha da vida abaixo do monte de Saturno:
total descontrole, compulsivo.

Indo junto com a linha do coração e com ela se confundindo:
perfeito equilíbrio do domínio dos sentimentos sobre a razão.

Quando se aproxima muito da linha do coração, mas sem se confundir com a mesma:
problemas cardíacos.

Começando quase no exterior da mão e subindo para a linha do coração, mais ou menos na altura do monte de Saturno, e retornando ao seu curso normal:
amizades perigosas, negatividades, perigo de loucura.

Voltando-se para o monte de Vênus:
infelicidades por amor.

Terminando em força, na direção do monte de Mercúrio:
sutileza, diplomacia, bom jogo de cintura no tratar com clientes e até com inimigos.

Terminando em dois ramais:
um em direção ao monte de Marte, outro ramal em direção ao monte da Lua — contradição, muita confusão entre a realidade e a fantasia, indica que a pessoa está sem discernimento.

Terminando no monte de Marte:
indica que tanto a mente, quanto a vontade é forte.

Descendo para o monte da Lua:
forte tendência para ter imaginação doentia, ciúmes desorganizados, misticismo pobre e muita pobreza.

Quando caminha até parte inferior do monte da Lua:
sérios problemas com água, afogamento, desabamento e outros...

Linha do Coração
Esta linha começa na percussão da mão e deve terminar seu caminho no monte de Júpiter, (verificar figura A, atrás), Esta Linha corresponde aos sentimentos.

Nítida e comprida:
quando bem colorida indica bondade, sinceridade e amizade.

Quando atravessa a mão de um lado ao outro: passional, ciúmes, egoismo.

Fraca, mal delineada: fraqueza orgânica, e egoismo.

Quando não existem ramais:
indica crueldade, pessoa difícil de dobrar pelos sentimento nobres.

Com ramais em direção ao monte de Júpiter: riqueza e prosperidade.

Terminando em ramais, um em direção à Linha da Vida: indecisão sentimental.

Terminando em dois ramais, um entre os dedos de Júpiter e Saturno, e o outro em direção ao monte de Júpiter:
vida equilibrada.

Tendo dois ramais, um em direção ao monte de Saturno e o outro para a Linha da Cabeça:
indica forte confusão no campo sentimental e contradições sentimentais.

Contornando o dedo de Júpiter, formando um anel:
forte inclinação para as ciências esotéricas.

Quando vai juntar-se à Linha da Cabeça:
perigo iminente, risco de loucura.

Não se juntando à Linha da Cabeça, mas indo em direção a ela, mas abaixo da mesma:
tendência a avareza e egoismo.

Virando para baixo na altura do dedo de Saturno:
felicidades, mas com risco de perigos.

Parando bruscamente sob o monte de Saturno:
morte repentina.

Curta e parada na altura do monte de Saturno:
perigo.

Forma de Corrente:
humor mutável.

Comprida, reta e de cor sanguínea, junto à linha da cabeça:
indica tragédia passional.

Quebrada ou cortada:
por linhas pequenas, problemas cardíacos e esterilidade.

Muito vermelha:
indica brutalidade, agressividade e domínio.

Muito amarela:
doenças hepáticas.

Muito fina:
quando sem cor, fraqueza orgânica.

Com cavidade ou pontos avermelhados:
sofrimento por amor.

Com pontos pequenos:
mas sem cor, doença hepática.

Com mancha azulada:
problemas circulatórios e palpitações, taquicardias.

Linha de Saturno
Começa na parte inferior, ou no meio da mão e se dirige para o monte de Saturno. É a linha do destino, mostra períodos felizes e infelizes de nossas vidas.

Forte e reta:
quando comprida e de boa cor, indica muita chance de progresso e sucesso.

Reta, colorida no fim:
indica velhice feliz, progresso no cultivo da terra.

Reta e forte: felicidades em geral.

Fraca: pouca sorte.

Ausente:
indica vida obscura e sossegada.

Dupla:
quando ela é dobrada, indica corrupção e intemperança.

Quando cortada por pequenas linhas no final:
indica infortúnios

Onduladas, às veses quebradas:
indica má saúde.

Quebradas por várias vezes:
a sorte terá alternativas.

Começando no Rascete e caminhando firme em direção ao monte de Saturno:
felicidades.

Com início e raízes e pequenos ramais no fim:
indicam grandes felicidades a caminho.

Indo do rascete à raiz do dedo de Saturno:
existe má influência do planeta Saturno.

Começando no rascete, muito abaixo:
má influência e dificuldades financeiras.

Começando na Linha da Vida:
absorve as qualidades, tanto boas quanto ruins, neutraliza as energias.

Começando no monte da Lua:
existe proteção de alguem especial.

Começando no monte da Lua e indo em direção da Linha do Coração:
felicidade plena no amor, início de fortuna.

Começando no Campo de Marte:
muita energia e decisão.

Começando muito acima da Linha da Cabeça e rodeando o monte de Júpiter:
êxito pela ambição e orgulho.

Parada na Linha da Cabeça:
resoluções erradas que podem gerar infelicidades e doenças.

Parada na Linha do Coração:
infelicidades por influência do coração, amor, males do coração.

Terminando na direção dos Montes Júpiter, Mercúrio ou Apolo:
boas influências desses planetas, êxito.

Linha de Apolo:
Esta linha começa no monte da Lua, ou na Linha da Vida e termina no monte de Apolo ou do Sol. É a linha da felicidade, do sucesso e da riqueza.

Bem traçada e forte, podendo ser comprida e reta:
indica amor pelas artes em geral, sucesso no trabalho.

Quebrada:
obstáculos nos empreendimentos.

Começando no monte da Lua:
sorte e proteção por parte de alguém especial.

Começando na Linha da Vida:
vitória por mérito pessoal, pelos próprios meios.

Quebrada no monte de Marte:
êxito, depois de muita luta.

Curta:
vida medíocre e insignificante, necessário reagir contra as adversidades.

Começando na parte inferior da mão e indo forte até a falange do dedo de Apolo:
indica genialidade, gênio forte e destemido sucesso.

Com dois ou três ramais em V, no final sobre o monte de Apolo ou além:
anseios irrealizados.

Dividida em duas ou três outras linhas desiguais:
gosto pela arte e assuntos relacionados ao dinheiro.

Pequenas linhas transversais:
quando sobre o monte de Apolo, indica que os obstáculos serão dobrados, mas serão vencidos, equilíbrio.

Linha Hepática
Também chamada Linha da Saúde, Começa na parte inferior da mão, ou na Linha

da Vida e sobe diretamente ao monte de Mercúrio, mas pode começar no monte de Marte.

De comprimento normal, reta e bem colorida:
quando fina, indica boa saúde, bom humor.

Ausente:
Anomalia do fígado, dores de cabeça.

Forte e grossa:
doença do fígado.

Cortada:
grave enfermidade hepática.

Ondulante e tortuosa:
também doença hepática, ou improbabilidade.

Demasiadamente fina com cor desigual, ou com manchas vermelhas:
incomodos do fígado.

Muito comprida, ultrapassando o monte de Mercúrio:
longevidade sadia.

Começando na rascete, mas separada da Linha da Vida:
saúde afetada pelas disfunções hepáticas.

Dobrada ou dupla:
boa saúde vida feliz

Atravessando o monte da Lua e subindo na direção de percussão da mão:
bom humor.

Linhas de Urano:
Também chamada por Linha da Intuição. Começa na parte inferior do monte da Lua e sobe em direção ao monte de Mercúrio.

Comprida:
indica forte intuição

Curta:
intuição natural.

Ausente:
falta de intuição natural.

Linhas Acessórias
Linha de Marte, irmã da Linha da Vida: começa na base do polegar e contorna o monte de Vênus, seguindo a mesma curva da linha da Vida.

Comprida e fina:
indica saúde.

Comprida, fina e vermelha:
sucesso na carreira militar, mas tem forte tendência para a orgia.

Curta:
energia, resistência.

Linha de Netuno

Linha dos narcóticos. Começa na parte inferior da mão, na linha da Vida, no rascete, ou no monte de Vênus e se dirige para o monte da Lua. Mostra a tendência para o vício de drogas, de acordo com seu tamanho e intensidade, também o será o do vício.

Linhas diversas que saem da linha da Vida, sucesso de modo geral, dependendo para onde elas se dirigem e as características de cada linha.

Linhas que saiam da linha da Cabeça:
sucesso pelo esforço e no emprego da inteligência, todas essas linhas auxiliares dependem de para qual linha se dirigem, mudando evidentemente seus aspectos.

Linha das viagens:
são pequenas transversais que do monte da Lua na percussão da mão se dirigem para o dorso, indicando mudanças de lugar e viagens mais ou menos longas.

Linhas do matrimônio:
são pequenas transversais na percussão das mãos, entre o começo da linha do Coração e a raiz do dedo de Mercúrio, que mostram as ligações da descendência ou da prole. São pequenas verticais no mesmo lugar das linhas do matrimônio.

Linhas sobre os montes:
verticais, retas e fortes indicam favorabilidades, quando horizontais e pequenas, desfavorabilidades.

Anel de Vênus

Linha em forma de círculo que começa entre os dedos de Júpiter e Saturno e termina entre os dedos de Apolo e Mercúrio. Indica amor, paixão, dependendo do aspecto em que as linhas se encontram. Formado por uma linha forte e contínua, indica depravação; por uma linha quebrada, paixão excêntrica; dupla ou tripla, tendências anômalas.

Os Sinais

Os sinais são estrelas, pontos, cruzes, quadrados, triângulos, correntes, linhas capilares, grades e outros, (veja figura D).

As Estrelas

Significam fatalidades, fatos que independem do livre-arbítrio, podendo ser benéficos ou maléficos. Mas tudo será de acordo com base

SINAIS

estrelas — cruzes — pontos

quadrados — triângulos — ilhas

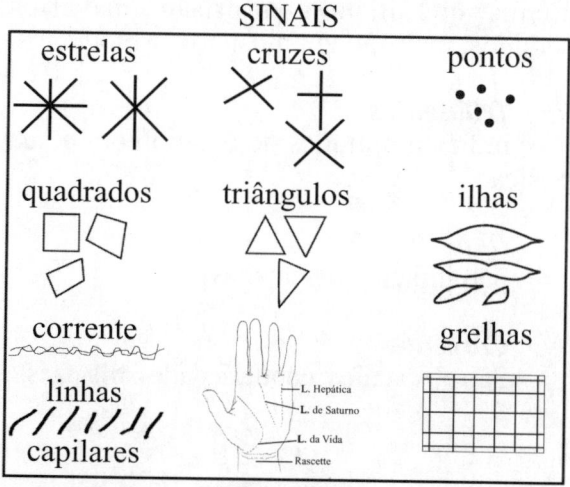

corrente — grelhas

linhas capilares — L. Hepática, L. de Saturno, L. da Vida, Rascette

Figura D

nos outros elementos. As cruzes têm as mesmas características das estrelas.

Os Pontos
São sempre desfovaráveis, indicando sempre algum tipo de acidente e doença.

Quadrados
Quase sempre são bons sinais, salvo se estiverem localizados sobre o monte de Vênus, que aí indicam prisão em vários sentidos, reclusão em mosteiros e bloqueios.

Triângulos
Indicam aptidões de acordo com a sua posição.

Ilhas
São indícios desfavoráveis.

Correntes
São obstáculos, contrariedades, tristezas...

Linhas Capilares
Pequenas e numerosas, finas e aglomeradas, isoladas ou formando uma linha maior. Podem indicar obstáculos.

Gregas
Aglomerados de linhas finas, cruzadas formando o desenho de grade, indica influência desagradável, pode ser material ou até mesmo espiritual.

Rascete
É o lado interno do pulso, após o fim da linha da Vida, é a raiz da mão (veja figura D).

As Linhas da Rascete confirmam ou não os prognósticos das outras linhas das mãos. A quantidade das linhas horizontais na rascete indica a duração da vida.

Quatro linhas bem marcadas:
indicam vida fraca.

Linhas contínuas, profundas, inteiras:
vida calma e segura.

Forma de Corrente:
felicidades pelo trabalho.
Fracas:
vida curta.

Dois Ramais:
quando formando ângulo reto na rascete, lucro imprevisto.
Um ponto na rascete:
Obstáculos.

Uma linha saindo da rascete e indo até o monte da Lua:
indica viagem longa.

Cartomancia

301

Conheça o Significado das Cartas

Para tornar-se um bom conhecedor da cartomância e de toda a ciêcia que se encerra nas cartas do baralho, há que se percorrer um longo caminho. É imprescindível estudar com afinco, fazer cursos sérios, ler literaturas atuais, mas buscando sempre respostas nas literaturas antigas. Não basta apenas dizer que é um cartomante, colocar uma placa na porta de sua casa "LEEM-SE CARTAS", ou vulgarmente "TIRA-SE A SORTE", porque leu um ou dois livros, não significa que você é um expert no assunto, cuidado! muito cuidado!, pois Deus estará sempre atento a estas ciências que ele permitiu que o homem as aprendesse, para poder orientar o seu semelhante. Ler a sorte, fazer prognósticos, ou mesmo fazer aconselhamento através das cartas, não basta somente ler, estudar, perserverar com afinco, tem que ter paralelo aos estudos, forte espiritualidade e intuição aguçada e muito bem desenvolvida, tudo isso associado, o dotará de forte compreensão espiritual para mensurar a sorte e auxiliar nas carências emocionais do ser humano, (bem sei que a maioria que se inclina para as artes adivinatórias, terá seu lado mediúnico muito aflorado, mas também poderá ser ao contrário, para este caso restam os estudos com afinco, cerque-se de todas as possibilidades de conhecimentos).

Lembrando-se sempre, que o ser humano jamais estará preparado para ouvir no todo as suas verdades, por mais que digam que querem toda verdade, seja sutil ao colocar as cartas. Os que mais querem a verdade das cartas, são os que mais sofrerão com o revés da sorte, quer seja sentimental, profissional ou financeira, sendo assim reafirmo: cuidado, analise o terreno em que esta pisando, pois a fraqueza e o desequilíbrio mental do ser humano, sempre será desencadeado por uma decepção, uma revelação, ou uma forte desconfiança. Os casos mais sensíveis e sutis sempre serão os de ordem sentimental e saúde; nesta área, o cartomante terá que ter muito jogo de cintura, muita sutileza, pois aí reside o perigo do estopim de pólvora da maior carência do ser humano. As respostas têm que ser muito bem analisadas, principalmente quando tange o assunto traição e morte, a maioria quer saber se esta sendo traído e se a sua doença é passageira ou terá complicações, mas a maioria não está preparada para a resposta verdadeira. O aconselhamento através de qualquer jogo adivihnatório tem regras seríssimas quando é realizado através de iniciações. Os juramentos prestados são enviados diretamente ao tribunal cósmico.

O QUE AS CARTAS DIZEM?

OUROS

Rei

Homem de bem que se ocupa de você (ou do seu consulente)

Dama
Falsa amiga procura fazer o mal para você, mas seu intento falhará.

Ás
Significa surpresas vindo pelo correio, pode ser carta, presente ou um chamado.

Valete
Sugere que um homem que está lhe pedindo algo, poderá lhe trair. É uma carta de alerta, pode ser na vida sentimental, ou negociações.

Dez
Surpresa agradável, boas notícias.

Nove
Prenúncio de más noticias em tempo incerto.

Oito
A carta indica êxito.

Sete
Poderá haver promoção no setor profissional.

PAUS

Rei
Indica que deve dar mais atenção aos conselhos de um homem idoso, ele é sábio.

Dama
Cuidado, existe intriga por parte de uma vizinha, ela pretende te atingir com maldades.

Ás
Existe desgosto despontando, mas ele terá pouca força e duração.

Valete
Um jovem está com sérias intenções de casar com você.

Dez
Todo esforço que você andou tendo, será coroado de êxito.

Nove
Paz em família.

Oito
Cuidado com as paixões violentas e má conduta.

Sete
Indica casamento feliz.

ESPADAS
Rei
Indica que existe um homem que prega a lei em suas negociações, mostra negócios importantes.

Dama
Cuidado, pois existe uma mulher que poderá prejudicar sua vida.

Ás
Doença, indisposição, mas sem perigo.

Valete
Indica processo e condenação, poderá indicar algum processo do qual você corre o risco de perder.

Dez
Existe algum obstáculo em seu casamento.

Nove
Indica más notícias.

Oito
Existe possibilidades de viagem e bons resultados em sua negociações.

Sete
Inquietações e possibilidades de prejuízo, requer atenção.

COPAS
Rei
Existe um homem em sua vida que quer fazê-la feliz, saiba que ele conseguirá, dê tempo ao tempo.

Dama
Você está cercada por uma mulher que deseja o seu bem, pode confiar nela e em sua amizade.

Ás
Se você espera por uma herança, está perto de recebê-la, ou algum dinheiro que você está esperando, ele será seu.

Valete
Indica sucesso nos negócios.

Dez
Indica alegrias no amor.

Nove
Poderá haver discordia familiar ou nas amizades, mas será passageiro.

Oito
Alegria e projeção social.

As Combinações das Cartas entre Si

Rei e Dama
União feliz.

Dois e Reis
Existe dois homens em sua vida, ambos têm boas intenções, opte pelo seu bom senso.

Três e Reis
Indicam sucesso nos negócios.

Quatro e Reis
Felicidade, só que será passageira.

Duas e Damas
A concórdia em qualquer aspecto de sua vida será por pouco tempo.

Quatro e Dama
Indican malidicências

Ás e Valete
Insegurança e incerteza no amor.

Dois e Ases
Indicam progresso em sua vida.

Quatro e Ases
Indicam felicidade completa.

Valete e Dez
Use de astúcia em tudo.

Dois e Valete
Esteja com a suspeita aguçada.

Três e Valete
O momento é de preguiça, pode estar indicando uma traição, mas também indica felicidades. Depende da pergunta que foi feita.

Quatro e Valete
Indica desgostos em todos os aspectos.

Dez e Nove
Cuidado, pois o momento é de distração em vários sentidos.

Dois e Dez
As doenças serão passageiras.

Três e Dez
Indicam intrigas na vida sentimental.

Quatro e Dez
Mostram muito dinheiro à vista.

Nove e Oito
Indicam novos romances.

Dois e Nove
Cuidado com a teimosia e com as inquietações nervosas.

Três e Nove
Possibilidades de posições vantajosas em sua vida. Não deixe a sorte passar.

Quatro e Nove
Para as pessoas que estão ausentes, regresso ao país, ou ao lar.

Oito e Sete
Cuidado com brigas, desavenças, existe perigo.

Dois e Oito
Existe um desgosto muito próximo.

Três e Oito
Novos amores em evidência.

Quatro e Oito
Fase de solidão e isolamento.

Sete e Reis
Mau humor, cuidado com as agressividades.

Dois e Sete
Processo lento de dinheiro, virá aos poucos.

Três e Sete
Alguém de farda irá partir.

Quatro e Sete
As esperanças serão realizadas.

Seis e Sete
Existe em sua vida um vizinho bom, muito amigo, pode confiar.

Dois e Seis
Existe chance de felicidade duradoura, com indícios de ser eterna.

Três e Seis
O momento é de prazer.

Quatro e Seis
Indicam que a companhia é boa e de bons sentimentos.

Seis e Dama
Indicam um rival, mas é fraco e pouco perigoso.

Seis e Oito
Algo que será lamentavél em sua vida.

Seis e Valete
Ventura passageira, efêmera.

Deitando as Cartas de acordo como fazia São Cipriano e Antigos Magos

A Arte da Cartomância, ou seja a ciência da adivinhação através das cartas do baralho é bem moderna. Antes de Carlos V ainda não havia sido inventadas as cartas. Esta ramificação de adivinhação é, ainda hoje, praticada por muitas pessoas. Antigamente praticava-se a adinhação da sorte pelas cartas, com trinta e duas (32) cartas, ou com setenta e oito (78) cartas. Mas nos dias atuais joga-se com quarenta (40) cartas, cada qual com seu significado.

Os Significados

ESPADAS
Ás — afirma.
Dois — corta.
Três — más palavras.
Quatro — na cama.
Cinco — doença
Seis — desvios.
Sete — paixão.

OUROS
Ás — presente.
Dois — breve, ou brevemente.
Três — alegria.
Quatro — igreja.
Cinco — novidade.
Seis — dinheiro pequeno.
Sete — dinheiro grande.

PAUS
Ás — por noite.
Dois — carta.
Três — caminhos.

Quatro — nesta casa.
Cinco — cinco sentidos.
Seis — zelos.
Sete — muito gosto.

COPAS
Ás — fandango.
Dois — carta.
Três — boas palavras.
Quatro — pela porta da rua.
Cinco — lágrimas.
Seis — por caminhos.
Sete — a hora de comida e bebida.

Nesta forma as figuras o que dizem?

A Dama de Espadas
é uma mulher má

O Rei e o Valete
mostra o corpo, o pensamento de um homem, ou a justiça, o advogado, juiz, procurador o conselheiro ou o amado.

A Dama de Ouro
indica a consulente

O Rei e o Valete
o corpo e o pensamento do consulente ou do indivíduo que se quer consultar.

As outras cartas de figura servem para marcar qualquer pessoa que tem de estar nesta ignorância, entende-se que os valetes representem os pensamentos dos indivíduos marcados nos Reis dos mesmos naipes.

A disposição das cartas sagradas, depois que forem bem embaralhadas deverá ser cortadas em cruz, acompanhadas de rezas e palavras que devem ser ditas para invocar os anjos da intuição, para que a leitura das cartas não seja distorcida por energias intrusas. O ambiente deverá ter um clima místico e propício à leitura, o silêncio é fundamental, mas poderá ter uma música suave ao fundo, os incensos ajudam na limpeza do astral.

Método em Cruz

Exemplo:

Suponhamos que saíram estas cartas para uma jovem namorada: Ás de Ouro, Quatro de Ouro, Sete de Espadas e Dois de Ouro. As cartas dizem o seguinte:

Brevemente irá receber uma prenda, provavelmente um pedido de casamento, com muita paixão. (o ás é uma prenda, o dois é brevemente, o sete é paixão e o quatro de ouro é a igreja ou o próprio pedido de casamento, como a jovem quer saber do namorado, ele será marcado pelo valete de ouro no centro da cruz. Lembre-se que se sair o quatro de ouro junto do cinco de espadas, pode estar indicando morte, morte do namorado ou morte do relacionamento, mas se sair o dois de copas junto do quatro de ouro, é sinal de casamento muito em breve, mas se sair o dois de espadas entre as cartas, é corte de qualquer assunto, mas se a carta anterior for o ás de espadas, ele confirma os presságios, mas se ele sair depois do dois de espadas ele afirma o corte.

Cartomancia Cruzada de São Cipriano

Este tipo de deitar as cartas foi achada em um manuscrito de São Cipriano, logo depois de sua morte, acredita-se que ele começou a deitar as cartas desta maneira depois de ter repudiado a Lúcifer e suas trevas.

Para sagrar as cartas, elas devem ser passadas nas águas do mar em noite de lua crescente, ou no pico do ponto do meio-dia em dia de sexta-feira, de preferência na sexta-feira da paixão. Pede-se neste ritual a permissão a Deus, para se fazer uso desta ciência e que ele permita que São Cipriano e os espíritos celestes coloquem as virtudes nas cartas e aclarem sua visão e sua intuição.

O Significado das Cartas no Jogo Cruzado

Espadas
Ás — paixão
Dois — correspondência

Três — lealdade
Quatro — na casa
Cinco — enredo
Seis — brevidade
Sete — desgosto

Ouro
Ás — promessas
Dois — matrimônio
Três — mimo de amor, prenda
Quatro — apartamento
Cinco — sedução
Seis — fortuna
Sete — riqueza

COPAS
Ás — constrangimento
Dois — reconciliação
Três — simpatia
Quatro — banquete, festa
Cinco — ciúmes
Seis — demora
Sete — surpresa

PAUS
Ás — vício
Dois — traição
Três — desordem
Quatro — leviandade
Cinco — fora de casa
Seis — cativeiro
Sete — obstáculos

As Figuras

A dama de ouro, que representa a consulente; o rei de ouro que representa o namorado ou o marido; a dama de espadas, uma rival; e o valete de copas que indica uma pessoa intermediária, tanto pode ser um homem, quanto uma mulher.

As figuras restantes só servem quando tenham que representar outras pessoas, pessoas estas que o cliente queira que as mensure. No jogo cruzado, qualquer dama será indicada como "esta mulher" o rei ou o valete como "este homem", menos o valete de copas que será chamado pela palavra esta pessoa, que tanto pode ser homem como mulher. As cartas deverão ser mudadas quando o consulente for homem, pois o homem se consultando será representado pelo rei de ouro, a amante ou (esposa) pela dama de ouro, o valete de espada será o rival, e só não será substituído o valete de copas, pois sempre será uma pessoa intermediária.

Como vimos, neste jogo cruzado somente utilizamos quatro (4) figuras, que juntas às outras vinte e oito (28) cartas, perfazem um total de trinta e duas (32) cartas, mas nesse caso são deitadas apenas vinte e quatro (24) cartas. Estas explicações são exatas, como estavam escritas no pergaminho de São Cipriano.

Coloque as cartas-figuras que não serão usadas de momento.

Separe os setes e os áses (estas são denominadas de tentações) são oito (8) cartas, coloque-as no centro da mesa, formando o monte do meio, com a frente virada para baixo, assim feito sobram vinte e quatro (24) cartas que em seguida devem ser embaralhadas, e em seguida deitadas na mesa com a frente para cima, formando uma cruz, no centro da cruz estará o monte das tentações. Para fazer a leitura destas cartas, proceda como o desenho na página seguinte (figura l).

Faça a consulta com muita concentração, para que não haja nenhuma dúvida para o leitor e também para não ter que jogar novamente.

E siga assim com a leitura, até se estender o resto sobre aquelas, por conseguinte, a três e três , como indica a figura 2. A cruz ficará formada por montes de três cartas. A cartomância cruzada servirá para descobrir vários mistérios, para isto basta você, caro leitor, personalizar as cartas com o nome das pessoas que você ache que tomam parte de sua vida, são os personagens que vivem à sua volta.

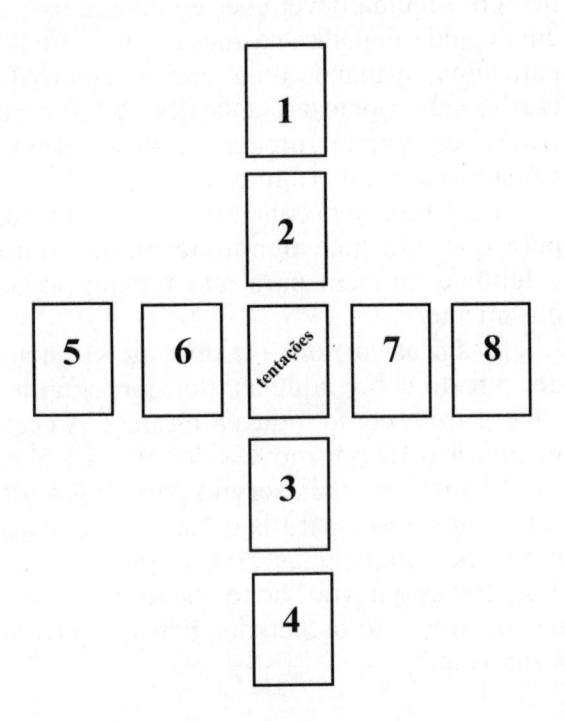

Figura 1

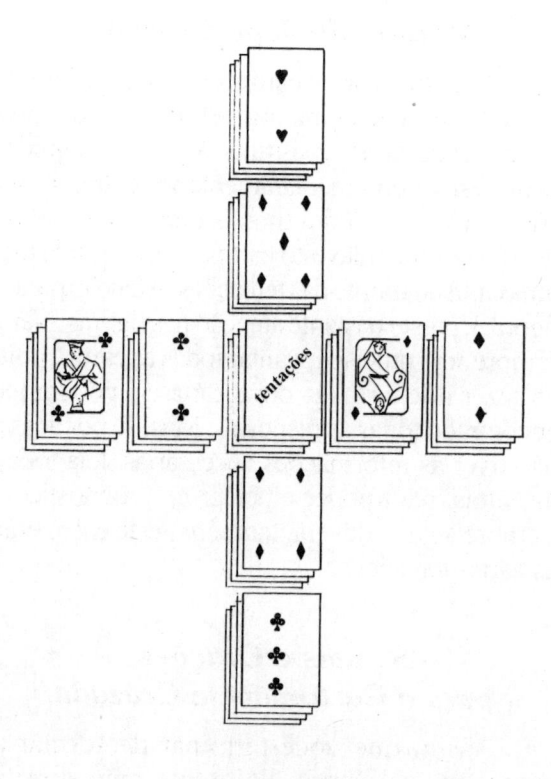

Figura 2

Método do Jogo Cruzado

Para levantar as cartas que estão deitadas, proceda desta maneira: tira-se uma carta de cada extremidade da cruz, passando a tirar, em seguida, as que estiverem imediatamente aos extremos da cruz, ou seja, você irá tirar as outras seis cartas, ficarão em sua mão oito cartas, e em seguida tire uma carta do monte das tentações. Atenção para a figura 3, preste bastante atenção nas figuras. Nem sempre será preciso levantar todas as cartas, pois ao fazer a leitura das nove cartas já poderá ter encontrado todas as respostas. Mas, se por acaso não tiver as informações necessárias, leia todas as cartas, para poder elucidar os prognósticos. Lembre-se que deverá, também neste caso, tirar as cartas tentações.

Rituais e Orações
para a Cartomância Cruzada

Assim que você terminar de formar a cruz com as cartas, deite sua mão direita por cima da cruz de cartas, concentre-se nos

Anjos da Intuição e clame aos céus, para que você possa ter permissão do Cosmo para realizar a leitura das cartas para seu consulente. Faça esta oração na hora em que estiver embaralhando as cartas e quando terminar de fazer a cruz, este ritual deverá ser repetido sempre, a cada consulente.

"Que estas cartas, pelo poder de São Cipriano, hoje santo e outrora feiticeiro, digam a verdade, para glória do mesmo santo e satisfação de minha alma e de meu consulente."

Em seguida, logo tenham deitadas as primeiras oito (8) cartas, benza-se com as cartas restantes e diga: "São Cipriano, seja comigo."

Estas quatro (4) palavras devem ser acompanhadas dos movimentos das mãos (sinal da cruz). Ao levar a mão à testa diga: São — coloque a mão no peito e diga: Cipriano — leve a mão ao ombro esquerdo e diga: Seja — leve a mão ao ombro direito e diga: Comigo. Faça este ritual até terminar de deitar todas as cartas, o ritual será feito de oito em oito, cartas.

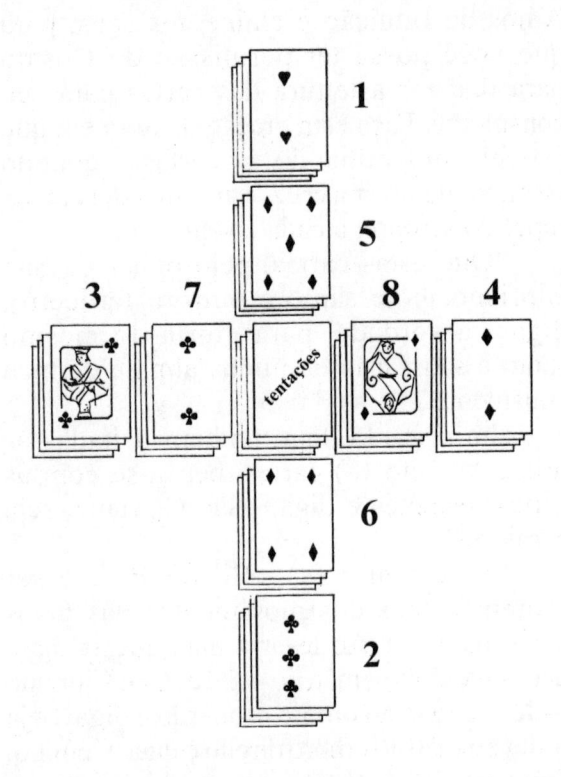

Figura 3

Exemplo:

Suponhamos que a consulente deseja saber notícias do amado que está ausente e que as cartas que saíram foram estas:

 dois de espadas — Correspondência
 seis de ouro — Fortuna
 quatro de paus — Leviandade
 seis de copas — Demora
 dois de ouro — Matrimônio
 três de espadas — Lealdade
 seis de paus — Cativeiro
 sete de copas — Surpresa

Nesta jogada não existe duplo sentido, e sim verdade: analise desta forma.

A consulente que está aflita por falta de notícias do amado, irá receber uma correspondência, e nesta carta as devidas explicações. O amado que está ausente, está trabalhando muito, para obter dinheiro suficiente para o casamento, mostra que ele é leal, e que não está cometendo nenhuma leviandade, só que está preso ao trabalho e sem tempo para escrever, ou vir até ela (poderá ele estar trabalhando fora do estado, ou até do país residente) e que, assim que der tempo, ou que ele tenha obtido dinheiro suficiente, poderá fazer-lhe uma grata surpresa e tudo isto não vai demorar para acontecer. Este é um lado positivo da consulta, que também poderá ser ao contrário. A leviandade pode estar acontecendo, ele pode estar cativo na casa de uma amante, não existe lealdade por parte dele, e muito menos interesse de casar-se com ela, tudo depende de como vai sair as combinações das cartas, e a carta tentação, praticamente é a que vai montar o quebra-cabeça. Por isto é que tem que se ter muito respeito, amor e concentração pela cartomância, pois somente assim poderá fazer a leitura das cartas com 100% de acerto.

Exemplo para o homem:
Dama de ouro — esta mulher
Dois de espadas — correspondência
Quatro de paus — leviandade

Valete de espadas— este homem
Quatro de copas — banquete
Cinco de ouro — mimo de amor, prenda
Cinco de paus — fora de casa
Sete de espadas — desgosto (carta-tentação)

Interpreta-se desta maneira:
Indica que a mulher está sendo leviana, está se correspondendo com um outro homem, que a presenteia com presentes de amor e banquetes fora de casa. Aqui mostra uma clara traição, devido a leviandade e interesse da mulher pelos presentes e vida social. Ao levantar a carta-tentação encontrará a carta do desgosto. Aqui tem que se ter muita cautela e sutileza para orientar o consulente, pois não tem dor maior do que a da traição, portanto alerta aos cartomantes incautos, saiba muito bem como trabalhar os sentimentos de seus consulentes, as cartas servem para orientar as pessoas e não destruí-las, seja qual for a

área consultada, evidentemente que deverá ter mais sutileza no campo sentimental.

Oração para se dizer quando for deitar as Cartas para qualquer consulta

"Ó meu amantíssimo Senhor, vós que sois o Deus do Universo, permiti que estas cartas me digam o que quero saber, porque Senhor, não tenho mais a quem pedir. O senhor seja comigo e me ajude e me socorra. Maria Santíssima minha mãe, socorrei-me pela intervenção do vosso amado filho, Senhor meu, a quem com uma vivíssima fé amo de todo o meu coração, corpo e alma e vida; cartas, vós não me haveis de faltar nas respostas a tudo que eu perguntar em nome do sangue derramado de Nosso Senhor Jesus Cristo.

      Assim Seja,
       Assim Seja,
        Assim Seja!
      Obrigado Senhor.

BIBLIOGRAFIA

ANÔNIMO. *São Cipriano — O Bruxo — Capa Preta*. Pallas Editora.

GODOY, A. C. *São Cipriano — Suas Cartas*. Madras Editora. São Paulo, 1996.

MOLINA, N.A. *São Cipriano — Feiticeiro da Antioquia*. Editora Espiritualista.

VIZEU, Adérito Perdigão. São Cipriano *(Capa Preta) Antigo e Verdadeiro Livro Gigante de São Cipriano — Extraído do Flor Sanctorum*.